ZHUAN JIALUN

专家论股

波段为王（之二）

抄底与逃顶

魏源水 / 著

四川人民出版社

图书在版编目(CIP)数据

波段为王.之二,抄底与逃顶/魏源水著.—成都:
四川人民出版社,2017.1(2018.4重印)
ISBN 978-7-220-10018-5

Ⅰ.①波… Ⅱ.①魏… Ⅲ.①股票投资-基本知识
Ⅳ.①F830.91

中国版本图书馆CIP数据核字(2016)第297187号

BODUAN WEIWANG ZHI ER CHAO DI YU TAODING

波段为王(之二):抄底与逃顶

魏源水 著

责任编辑	江 风
装帧设计	江 风
责任校对	蓝 海
责任印制	王 俊
出版发行	四川人民出版社(成都市槐树街2号)
网 址	http://www.scpph.com
E-mail	scrmcbs@sina.com
新浪微博	@四川人民出版社
微信公众号	四川人民出版社
发行部业务电话	(028)86259624 86259453
防盗版举报电话	(028)86259624
照 排	四川胜翔数码印务设计有限公司
印 刷	自贡华华广告印务有限公司
成品尺寸	185mm×260mm
印 张	16
字 数	280千
版 次	2017年2月第1版
印 次	2018年4月第2次
印 数	5001-9000册
书 号	ISBN 978-7-220-10018-5
定 价	48.00元

自序 术身兼修

有人认为，股市是个赌场，上涨的时候遍地是黄金，随便捡，下跌的时候如秋风落叶，一夜枯枝。人都有小聪明、发财梦，心里想的是看见黄金赶快捡，来了秋风跑快些。殊不知，捡到黄金正狂喜，忽遇一阵秋风吹，醒来却是黄粱梦。

赌，是指一种游戏，但还有一层经济含义，是指“对一个不确定的结果，押注金钱或具价值的东西，其主要目的是赢取更多的金钱或物质价值”。

赌场与股市形态相似，本质不同。赌针对的是不确定的结果，股市针对的结果可以确定。比如：如果有人说上证指数今年会涨到万点，没人信；说上证指数今年会跌到百点，也没人信。因为大家知道这个结果是错的。

千千万万人进入股市，交易是自由的，股价上蹿下跳，看上去很零乱，似乎有不确定的结果。我说市场运行有很强的规律性，也许没人信，摆在面前的事实信不信？上证指数从开盘的低点 95 到 1558 高点，运行 28 个月，从 998 低点到 6124 高点，也是运行 28 个月；从高点 2245 到低点 998，运行 47 个月，从高点 3478 到低点 1849，也是运行 47 个月。

巧合吗？一次相同是巧合，多次相同就是规律了。中国股市 2015 年 6 月中旬开始下跌后，我在 6 月下旬发博文说，调整不会少于 40 周。到我写此书时，调整已有 39 周，可以肯定预言正确。这个预言不是臆想，也是根据规律。这里只是说的时间规律，此外还有空间规律，形态规律，等等。

既然股市运行有规律可循，我们就要下功夫发现规律，丰富战略战术，这样征战市场才有胜算。孙子兵法说：“夫未战而庙算胜者，得算多也；未战而庙算不胜者，得算少也。多算胜，少算不胜，而况于无算乎！吾以此观之，胜负见矣。”

所有的博弈，无不运用战略战术，股市博弈概莫能外。对市场趋势的判断就是战略，实战交易离不开战术，战术就是技术，也称为技法。

本书重点讨论五种技法：通道法、直尺法、魏氏指标法、均线法、数浪法。我在《趋势与拐点》（第一版）一书中论及这些技法，那是从战略角度讨论。同样的方法，本书将从战术角度讨论，也就是侧重点在实战技法。我翻看了道琼斯工业指数图，西方百余年的股市历史和中国二十多年股市运行，都遵循这种规律。

通道法和直尺法（支撑线和压力线）是很多人知道的，但不一定深谙用法。数浪法是根据波浪理论判断波浪顶底，这种方法要具备一定的理论知识。均线是许多读者都熟悉的一种指标，本书的均线技法就是笔者归纳总结发现的规律。魏氏指标法是我的发明，简单、适用、可靠，看一眼形态就能做出交易抉择。

股市既然与赌博有本质不同，运行都有一定之规，掌握规律就是技术，运用技术博弈，就是战术。听消息，猜涨跌，显然是一种盲目行为，那就真的是赌。

政治经济大环境的好坏，基本面的优劣，这些属于战略思考问题。交易双方的博弈方法，就蕴藏在K线图表中。技术，就是发现博弈方法的手段。没有技术，谈不上战术，没有战术怎么去博弈？

假如，一只股从20元跌到10元，便宜了吧？但又跌到5元。另一只股从20元跌到15元，贵了点吧？但转身涨回20元，等跌下来再买吧，却接着涨到30元。或者，市场调整了三年，思忖着没有只跌不涨的市场，该涨了。事实是继续调整三年。前一次调整了六年，这次调整也会六年吗？事实是调整了两年就上涨了。究竟买哪只股呢？什么时候买呢？这就需要技术判断。

技术，是征战股市的必修课。

有个叫约翰·坎贝尔的美国人说过一句话：股票市场最惹人发笑的事情是在同一时间，每一个买和卖的人都会认为自己比对方聪明！

这句话道出了人性的弱点：小聪明，自以为是。其实人性最大的弱点是贪婪、恐惧。

征战股市的胜负，不完全是技术因素，还有一个修身的问题。修身，指的是与自己的恶习和薄弱意志作斗争。股市交易不仅仅是一种行为，更带有一种哲学的意味！

我在归纳总结均线技法时作了一个统计，在一个相对长度的周期，交易频率的多与少，与盈利的多与少成反比，与亏损的多与少成正比。此外，我还作了一个案例统计，一只上市23年的股票，短线交易机会有78次，中线机会有10次。也就是说，在23年时间里，短线买卖机会为39次，一年的平均交易机会不到两次，中线的平均交易机会两年才有一次。想想自己，一年交易了多少次?

进入股市者容易养成一种恶习，天天都想买卖股票，没有股票心慌，股票涨了心慌，股票跌了心慌。为什么会这样?因为心智被股价俘虏了，这就是人性弱点。

征战股市需要硬实力和软实力兼备，硬实力是技术，软实力是良好的人性，有形无形融合于德商、智商、灵商、情商、心商、志商、健商、逆商、胆商、财商之中，这十商并举无往而不胜。

我在《一招制胜》中说，股市是个投资场，看准时机看准股，投资一点小闲钱也足够你富足一生。我在《趋势与拐点》中说，炒股如古玩，古玩逐利者，劳神劳心；高境界者，心思在欣赏，玩出一种味道，乐在其中矣!

修炼技术，修炼身心，慢慢修炼吧!

目 录

CONTENTS

波段为王(之二)：抄底与逃顶

第1章 顶与底的概念

股价的运行主要呈现为三种形态：上升、下降、平行，其实，几乎所有的价格运动都遵循这个规律。顶与底由此产生。所谓顶与底，指的就是股价经过某一段时间的上升或下降，价格出现转折的位置。不过，这一段时间有长有短，长则数年，短则三五天，而价格幅度的转折也有大有小，所以这个概念是模糊的。但是，这个模糊的概念却轻视不得，因为波段、长线、中线、短线，这些在股市文化中随处可以听到的词汇都和顶与底密切相关，不弄清楚顶与底的概念，其他的概念就如同一盆糨糊。

顶与底的概念是什么？说起来很简单，指的就是一段上涨或下跌的末端。听起来似乎不错，如果追问一句，涨多久，涨多高是一段？拿出一幅历史的K线图，你会很容易指出，从哪里到哪里是顶，哪里到哪里是底。但是且慢，如果置身于价格运行的当期，又或者加大顶与底的转折级别，是否还能做出正确判断呢？以上证指数为例，从1664点涨到3478点，用时9个月，涨幅为1814点。对于这一段，应该不会有人质疑1664点是底，3478点是顶。那么，从2012年12月4日的1949点涨至2013年2月8日的2443点，用时两个月，涨幅为494点，对这一段，或许就有人会质疑2443点的顶了。同样是上升，前一段用时9个月，上涨1814点，而后一段用时仅两个月，涨幅为494点，时间、空间远不及前一段，而且月均上升250点，涨势也算凌厉，同时还是下跌40个月之后的上涨，怎么会知道这里又要下跌还会创新低呢？如果用对了顶与底的判断方法，就能知道还有下跌。

顶与底的概念应该建立在波段之上，波段概念不清楚，顶与底的概念就会模糊。价格的运行不是直线，按趋势理论说，在一个主要为下降的趋势中，会有次要的向上趋势。在一个主要为上升的趋势中，也会有次要的向下趋势。

这就明确了顶与底的概念：股价运行是波动的，波动衍生顶和底；小波动叠加衍化为大波动，小顶底叠加衍化为大顶底，叠加的数量衍生顶与底的级别。股票市场多变，股价的波动过程纷繁，顶与底的叠加衍化复杂，怎么抄到一个大底，一路跟随并在大顶逃离，成为市场追逐者的梦想。

第1节 顶底的大小

《道德经》说："道生一，一生二，二生三，三生万物。"对于《道德经》博大精深的哲学思想且不探究，仅借用这句话，指出市场的运行也遵循这个规律繁衍生化。我们讨论的顶底概念，也是"一生二，二生三"，小顶底衍化为大顶底，顶底便有了大小之分。

图 1-1-1

我们以图1—1—1为例，这是上证指数月线全图，自1990年12月开市，至2015年6月，已经运行25年。如果简单说低点是底，高点是顶，道理没错，但有什么意义呢？如果说意义，上证股指运行的25年中，上升下降呈鲜明的9段，有5个顶底，这便具有了操作意义。问题在于这是走出来以后的形态，如果处于市场运行的当期，你怎么知道哪里是顶底？如果再细分，还会有若干的顶底，而这些顶底都是因为价格波动形成的，由于取值时间和价格转折的大小不同，顶底就有了大小级别的区分，继而有了顶底级别，股市中的亏盈关键点就在其中。

图1—1—2是上证指数的一段日线图，这是上证有史以来最典型的一段下降图，周期长达4年，下降幅度几乎50%，走势形态极其复杂。这一段与图1—1—1月线图的H至Y时间段相同，趋势形态与月线图相同，可见日线图能明显看出较小的波动。

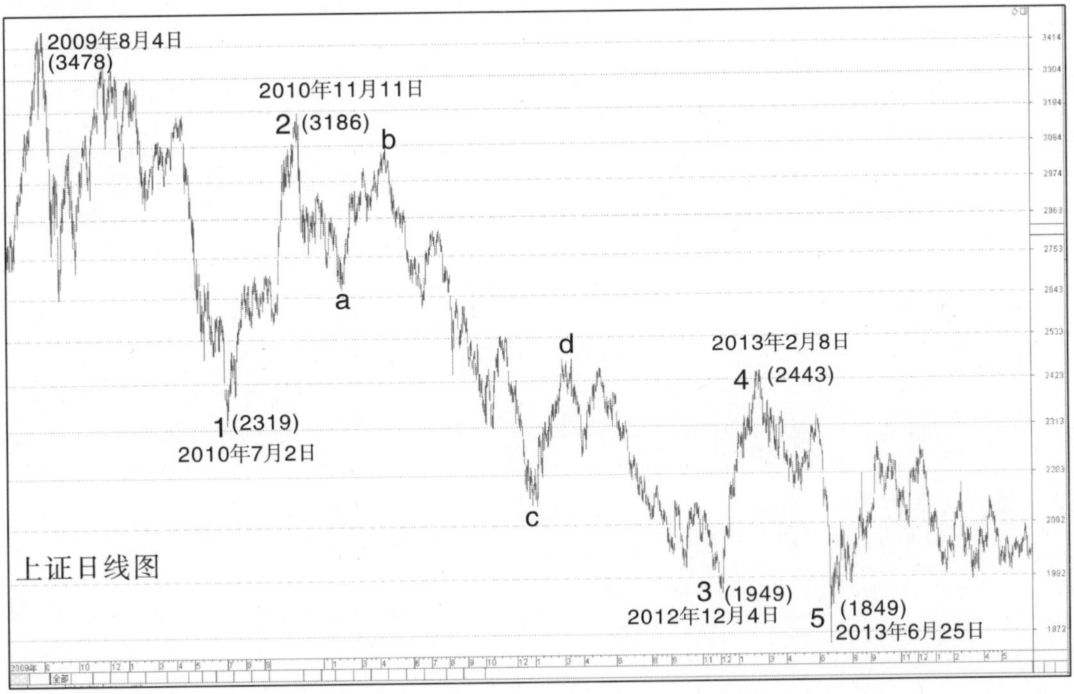

图1—1—2

如果说顶底，我们可以说3478点是顶，1849点是底。对于股市交易者来说，能坚守4年不交易吗？在这4年中，股价又有若干次小波段的顶底，你知道它会在哪一次真正向上形成一波行情吗？从走出来的形态看，虽然是一波明显的下降趋势，但它又确实有赢利机会，因为期间有若干次反弹。且不说抓住每一次机会，单就两次较大机会看，赢利还不少。比如从 2319 点涨到 3186 点，上升 37%；从 1949 点涨到 2443 点，上升 25%。更小的波段 a 到 b，c 到 d，它们的上升也在 10%以上，问题是你怎么知道 2319 点是底，3186 点是顶呢？如果有方法能判断，且不是在下降趋势中也能赢利吗！

需要特别指出的是，眼前这幅图只是针对空间划分，用时间划分 1849 点就不是 5 浪的结束点，这个差距是很大的，甚至会严重影响后来的判断。这个话题几句话说不清，我以后会著文细说。

图 1—1—3 是上证指数一段历史走势。时间长达 7 年，升幅约 6.9 倍。时间周期与图 1—1—1 月线图 C 到 D 这一段相同。从 1994 年 7 月至 2001 年 7 月，7 年间有若干次波动。走势出来以后，可以说 325 点是底，2245 点是顶。但有多少人能坚守呢？怎么就知道 2245 点之后会下跌呢？在这期间，有两次下跌幅度还较大，从 1052 点下跌到 512 点，下跌幅度达 52%，从 1510 点下跌到 1047 点，下跌幅度达 31%。

图 1—1—3

那么这段上升，就不仅仅是一底一顶，上升过程中明显的顶底就增加了 2 个，只是这 2 个顶底比 325 点至 2245 点的底和顶小一个级别。

如果在 1052 点这个顶卖出，在 512 点这个底买入，在 1510 点这个顶卖出，在 1047 点这个底买入，又在 2245 点卖出，理论计算多赢利 1003 点，相当于多赢利 3 倍。问题是市场运行的当期怎么才能知道这 4 处是小波段顶底呢？

再选择一个顶底大小区别明显的案例。

图 1—1—4 是北方稀土（600111）的日线全图，从图中可以看出，从 1997 年 9 月上市至 2012 年 6 月，已经完成了 5 个中浪，构成了大 1 浪，2016 年正在运行的是调整浪 C。

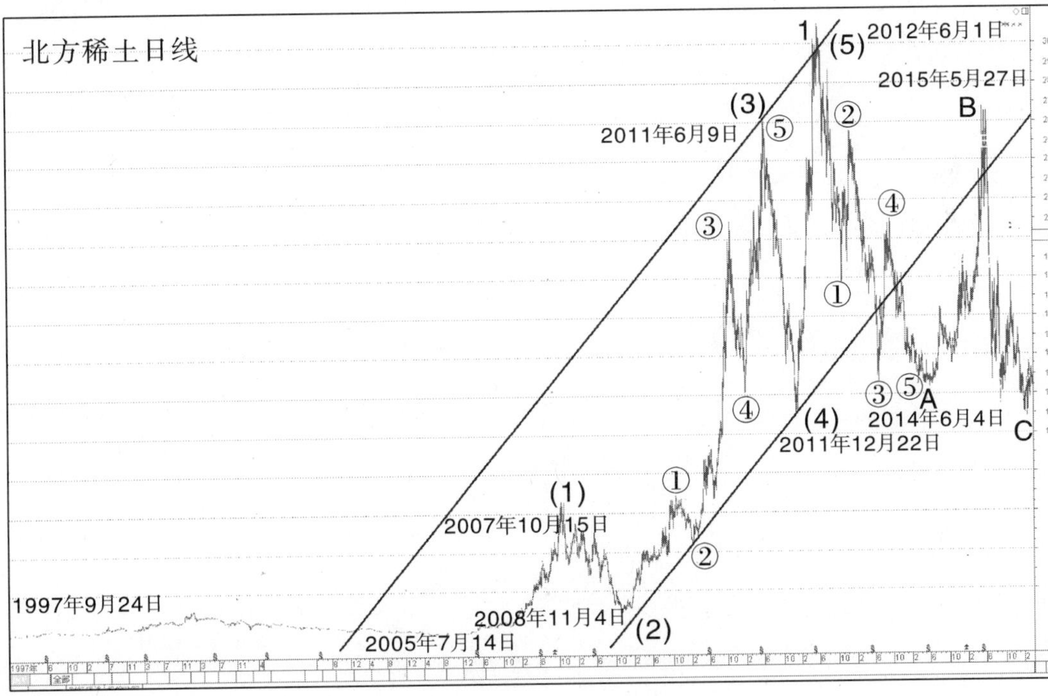

图 1—1—4

北方稀土上市 19 年间，有鲜明的 5 个中浪推动上升，其中第（3）浪，还呈鲜明的小 5 浪。从大 1 浪顶下跌到 A，也呈鲜明的小 5 浪。这是一幅微缩图，如果还原为正常图，（1）（5）浪仍然有小 5 浪，只是形态不太鲜明。

我们仅以这幅图为例，起涨点到（5）是大浪级的底和顶；（1）（3）（5）与 B 是中浪级的顶，（2）（4）与 A 是中浪级的底；第（3）浪中的①③⑤与 A 浪中的②④是小浪级顶；第（3）浪中的②④与 A 浪中的①③⑤是小底。同样是顶底，大小十分鲜明。

图 1—1—5 是北方稀土（600111）的一段 15 分钟图，这幅图中的时间段是

图1—1—4的箭头处到标示C这一段，是图1—1—4中极其短的一段走势，微缩的日线图看不清细节，但在15分钟图中，就明显看出是5段细浪构成的下跌。2015年11月12日是顶，2016年2月29日是底。这个过程中，2、4是更小的顶，1、3、5是更小的底。

这虽然是5段细浪的顶底，理论计算波段，小浪顶底跌幅39%，细浪波段的涨跌幅为：1到2涨幅13%，2到3跌幅27%，3到4涨幅13%，4到5跌幅15%。如果能准确把握大小不同顶底，这一个下跌小浪也能有利可图。

图1—1—5

经过上述讨论，大家可能已经明白，不能简单说顶底，波段顶底的概念要明确，否则，大小顶底也就无从说起。

虽然顶底有大小之分，却是走势形成以后的结论，在市场运行的当下，判断顶底是大是小，只有用多种方法一步步确认。

图1—1—6是中国石化（600028）的一段日线图，这是一只众所周知的股。从形成的图表看，自2005年6月上升到2007年11月，2005年6月是底，2007年11月是顶。但在股价运行中知道它会上升到2007年11月吗？

该股在上升期间有7段波动，有4次顶底，只有在2、4、6每一次小底跟随，才能最终获得全部利润。

对于 2007 年 11 月至 2008 年 11 月的下跌，从形成的图表看，2007 年 11 月是顶，2008 年 11 月是底。这期间有 5 段波动，又有小一浪级的 2 顶 2 底。更重要的是，如果知道了这 2 顶 2 底的波段性质，就能在 2008 年 11 月抄到大底。

图 1—1—6

前面案例的周期较长，短周期同样存在顶底大小。

图 1—1—7 是湖北宜化（000422）的一段走势图。该股在一年多时间里，出现 4 个顶底，4 个顶底的大小不同。图中的上升段和下降段分别标示了理论计算的涨跌幅度。看似几个小波段，如果能把握顶底，不仅能规避下跌损失，还能赢得丰厚利润。

图 1—1—8 是亿纬锂能（300014）的一段走势图，图中有两段上升、两段下降，虽然顶底不是同一级别，但是涨跌幅同样很大，图中分别标示了涨跌幅度。图中可见，B 段吞噬掉 A 段升幅的三分之一还多，尤其 C 段，如果不知道顶底有大小之分，一味等待超越前高，结果将会是全部利润消失殆尽。

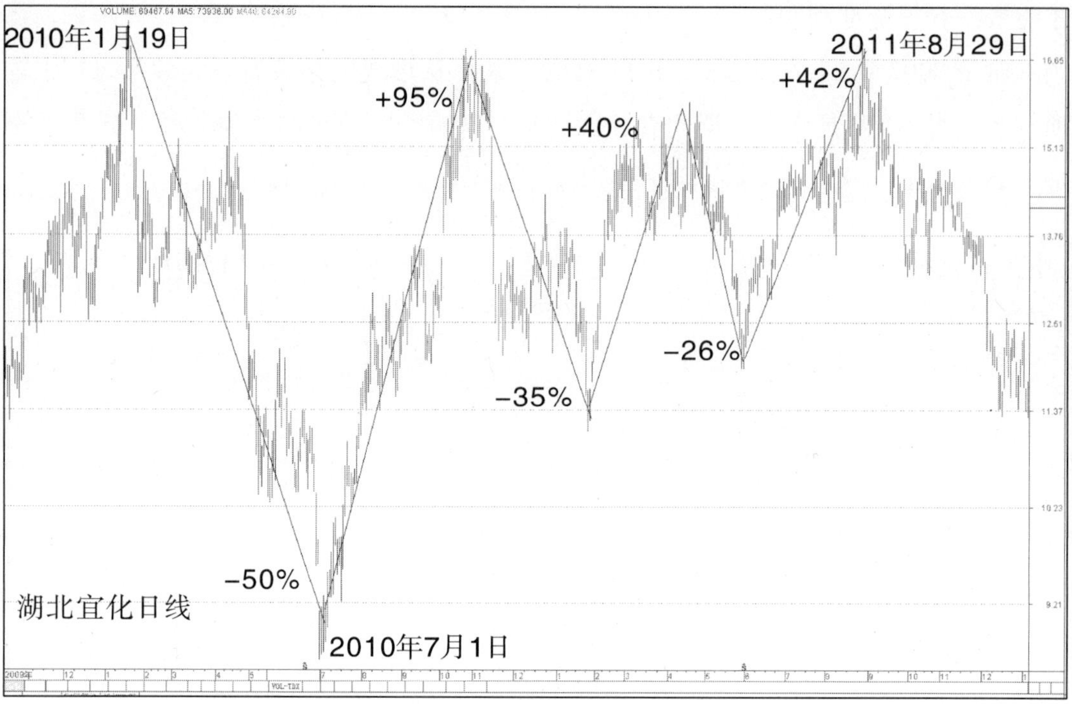
2010年1月19日
+95%
+40%
2011年8月29日
+42%
-26%
-35%
-50%
湖北宜化日线
2010年7月1日

图 1—1—7

亿纬锂能日线
A
2015年6月12日
C
+156%
+207%
-74%
+50%
D
B
2015年9月15日
2015年1月5日

图 1—1—8

顶底的大小，不仅仅是概念问题，而是股市中亏盈的关键。博弈讲究庙算，多算多胜。买卖股票不能简单说长线、中线、短线，甚至以K线级别界定大小。真正能分辨出顶底的大小，才知道未来的发展，否则就是猜或赌，胜算会眷顾你吗？

第2节 顶底的级别界定

说到顶底的大小，或长线、中线、短线这些概念时，有不少人常常以K线的时间级别为依据，比如用月、周、日的K线图或分钟线的K线图作依据。这种方法似乎正确，但认真考究就会发现是错误的。

顶底的大小与K线的时间级别有没有关系呢？没有！K线时间级别的大小只能说明价格在某个取值时间内的波动形态，K线级别大，图形所表现的波动就少，K线级别小，图形所表现的波动就多，但无论K线级别大或者小，趋势的本质是一样的。

选取不同的K线级别有没有意义呢？有！大级别易于观察主要趋势，小级别易于观察次要趋势。

下面就以上证A股指数（000002）为例，分别截取年、月、周、日的K线图对顶底的级别进行说明。（见图1—2—1至图1—2—4）

图1—2—1至图1—2—4分别是上证A股指数（000002）的年、月、周、日的K线图，在这几个不同时间级别的K线图中，主要不同之处是：在年线图中，明显的上涨下跌有7段，也就是说有4个顶底。在月K线图中，明显的上涨下跌有9段，也就是说有5个顶底。周、日K线图由于微缩的原因，看不清细节，如果放大形态，就可以看见若干个小波段，也就会看见若干个顶底，但它们运行的趋势形态完全一样。

上证A股指数年线图
F
2015年12月
D
B
G
E
2005年12月30日
C
A
1990年12月

图 1—2—1

上证A股指数月线图
F
2007年10月
2015年5月
H
D
B
G
Y
2013年6月
E
2005年6月
C
A
1990年12月

图 1—2—2

图 1—2—3

图 1—2—4

从列举的几幅图中可以看出，K线级别愈大，K线显示的波动愈少，反之，K线级别愈小，K线显示的波动愈多。比如在图 1—2—4 中，从标示的 Y 处到 2015 年 6 月 12

日这一段上升，几乎没有较明显波动，尤其对应图 1—2—1 的年线图，由于这一段上升只包含在两根 K 线之中，所以显示不出波动，但是用分钟图看，波动显示就比较明显。图 1—2—5 是这一段的 15 分钟图，可以看到明显的 5 段波动。（见图 1—2—5）

图 1—2—5

从图 1—2—5 还可以看出，波段与 K 线级别没有关系，所以不能简单以 K 线级别来判断顶底。重要的是，波段有大小，小波段逐级叠加成为大波段。相应的，顶底也就有大小，小顶底逐级叠加就会衍化成为大顶底。由此也就得出顶底级别的概念，我们把大波段形成的高低点称为大级别顶底，把小波段形成的高低点称为小级别顶底。

讨论 K 线级别，目的是希望各有其用。比如图 1—2—5 中的那段小级别 K 线图，5 段推动上升的形态很鲜明，而且在第 5 段有延长形态，那么随后的下跌凌厉就是必然。因此，我在 2015 年 5 月下旬和 6 月初，几次发博文奉劝大家见好就收，并画了图形，预判上证第一下跌波的目标至少到 3400 点一带。这不仅是观察波浪形成过程的优势，同时也是判断大小顶底的方法。

讨论大小不同的顶底，其意义有两个，一是观察趋势的形成过程。二是对应不同的操作风格。

对图 1—2—5 中的那段上升，如果观察趋势发展，标示 4 之后的高度超越标示

3，那么，我们就知道后面必然还有一段 5。对于不同操作风格者，会有不同的策略，一种是坚守，忍受 2、4 的下跌。另一种是波段观察娴熟者，在 1、3 小顶处退出，2、4 小底处进入。当然，走势形成以后，结果发现这种做法是多余的，稍不留神就有错失主升段的风险。但是对于稳健型的操作者，这并不多余，因为股市千变万化，按照波浪理论的描述，多数情况下的 2 浪调整不会这么浅，而且在标示 4 之后，如果高度超不过标示 3，就不会有第 5 段。

更重要的是，我们通过观察小波段顶底和叠加过程，就可以推算大一级波段上升的高度，也就大致知道了大一级波段的顶。

接下来列举一个走势简单，顶底大小区别明显的案例。图 1—2—6 是上海家化（600315）的年线图。在中国股市 2000 多只个股中，这种走势单纯，极少上蹿下跳，波浪形态很标准的个股很少。从年线看，该股的走势就是一个大一浪，10 多年的时间没有大的波动，就是一段，一个底，一个顶。

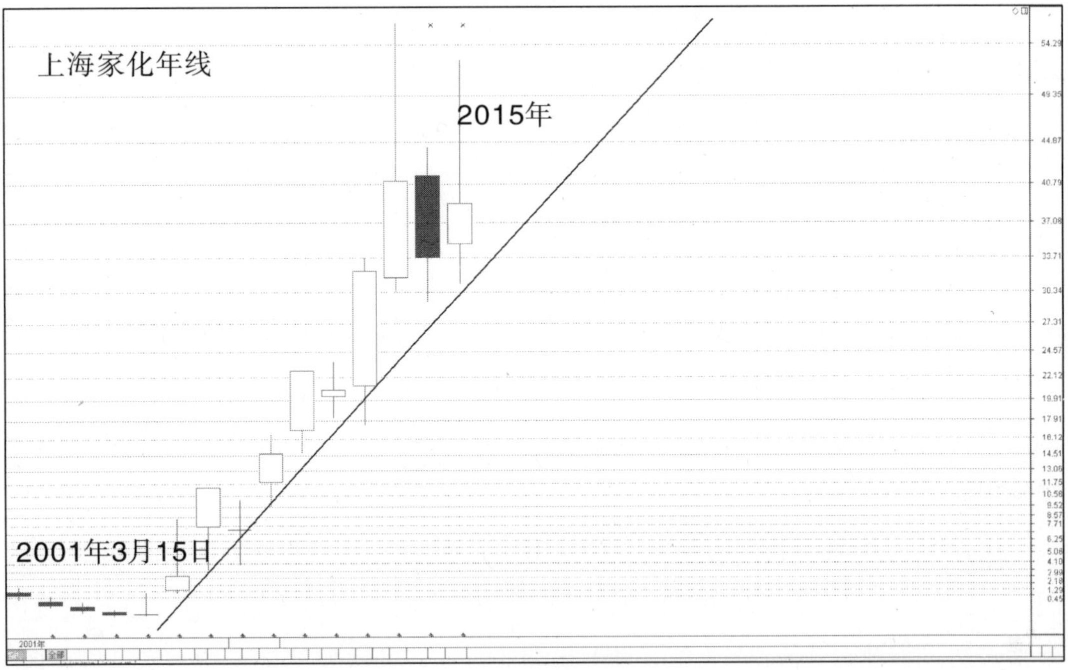

图 1—2—6

图 1—2—7 是上海家化（600315）的月线图，月线图就明显呈现 5 段上升推动浪。上海家化自 2005 年开始上升到 2013 年，8 年期间，大盘经历了大幅波动，该股却只是短暂调整便继续向上。从已经形成的图表看，从起点至（5），如果说大级别，就是一底一顶，中级别就是 3 底 3 顶。

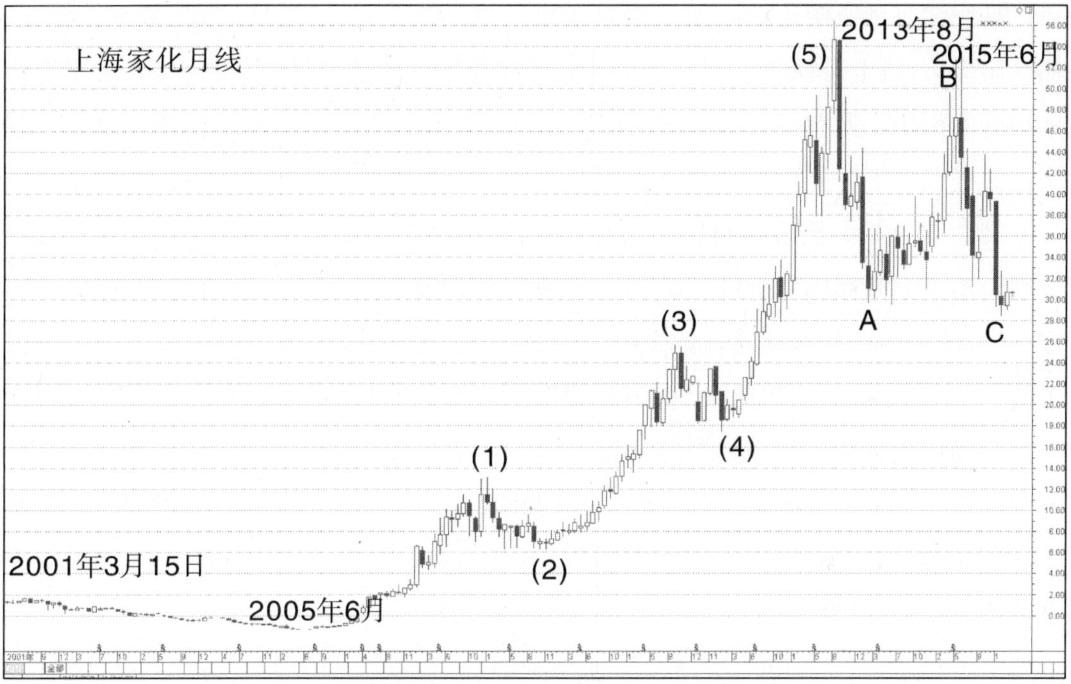

图 1—2—7

图 1—2—8 是上海家化的日线图。

图 1—2—8

日线图与月线图比较，波动更显频繁。如果说（1）（3）段的段落不太鲜明，那么第（5）段上升就明显呈现出5小段上升推动。虽然趋势本质一样，由于浪级由小到大衍化，就有了大小不同的顶底。目前图表上看见的形态很清晰，但在市场运行的当期却不可能提前知道。

2013年之后，大盘逐渐企稳，自2014年7月至2015年6月，大盘走出一段主升浪，不少个股涨幅翻番或三五倍，上海家化却反其道而行之，自2013年8月形成（5）浪顶之后开始调整，在2014年12月才跟随大盘走出一段B浪，但只上升了约60%。如果按照股市中"强者恒强"的观念，2014年7月至2015年6月这个时间段操作这只股，且不是遗憾累累。

图1—2—9是上海家化的一段15分钟图。自2014年12月22日的底，上升到2015年6月16日的顶，这个过程又是呈5段上升，期间还包含了更小级别的3个细浪顶底。

图1—2—9

事物运行都是波动前进，股市运动也不例外。上海家化的案例说明了两个方面的问题。一个方面的问题是，如果有很好的方法判断大小不同波动的顶底，在一个上升趋势中就会多赢利，在一个下降趋势中也能有利可图。问题的另一个方面是，如果没有很好的方法判断走势的顶底，或大小顶底，就是大行情下也会错失良机。

图1—2—10就是一波大行情，上证A股指数（000002）自2005年6月至2007年10月，两年时间上涨6倍，能用什么方法从底部跟随到顶部？

图1—2—10

一种方法是数浪。按照波浪理论的描述，5浪就是顶。在图中标示5的地方（确实有5浪形态，走势滞缓了，涨幅也有3倍）出局也算不错的结果。但由于数浪不正确，或用仅此一种判断方法，后面一大段利润眼睁睁丢失！

另一种是猜或赌，情况就很糟糕。不知道1047一带是底，不敢进入。在标示2的地方，心理上希望再跌一点才进入，殊不知机会没了。在标示3的地方，涨幅已不小了，更不敢进入。在标示4的地方终于调整了，谁知调一点点之后上升更快，于是按捺不住，在标示6一带进入。很快有利润了，可是在标示7之后快速下跌，在标示8的地方卖掉，此后要买进又比卖价高，心理上不情愿，只好眼睁睁看着疯涨。这么一波大行情，获了一点小利。

更为糟糕的情况是，不知道顶在哪里，在标示9之后，下跌一段上升到A，猜它会像前几次一样疯涨，谁知转身向下无商量。亏了不服气，反弹到B时还怀揣期望，殊不知更是一落千丈。到了C时，反弹了一点，吸取前面教训，认输出局。哪里知道这就是底，随后眼睁睁看着上涨悔恨不已。

大盘指数相对于个股波动小些，个股的走势相对复杂，把握更难。

图 1—2—11 是山东地矿（000409）较为复杂的走势图，20 年间大的波动就有 5 次，顶和底就是 5 个，期间还有若干次小波动。从走势形成的图形观察，也很难评判 5 个顶和底的大小，而其中几次的升降还特别凌厉，这类形态，没有判断顶底的方法，很难操作。

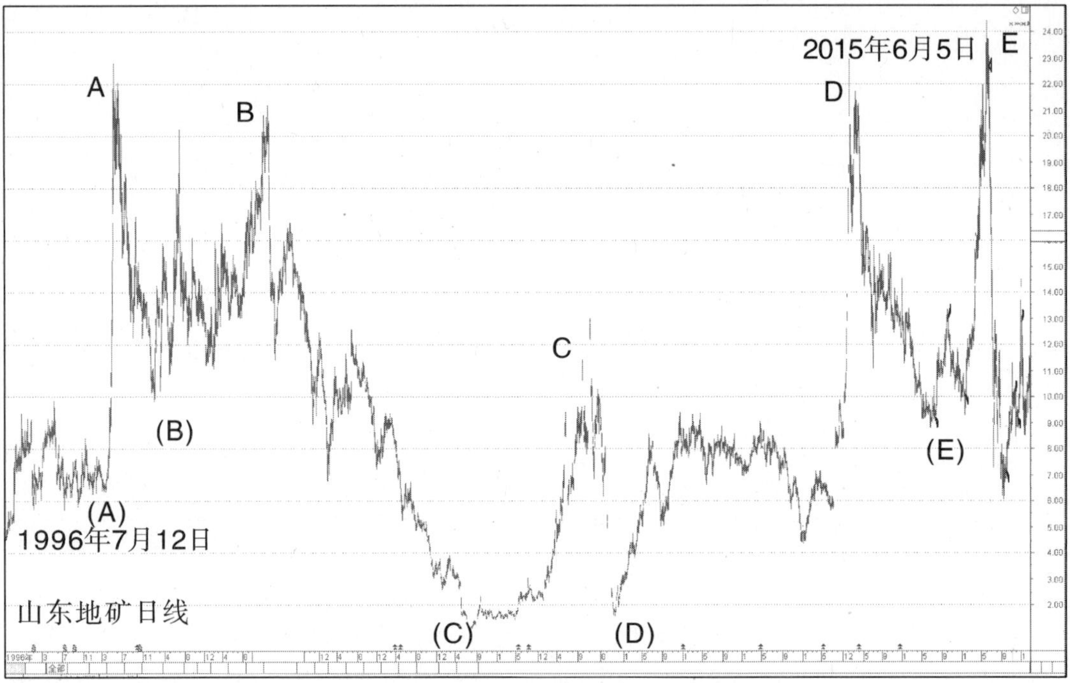

图 1—2—11

图 1—2—12 是霞客环保（002015）的一段走势图，该股自 2010 年 11 月开始调整，至 2014 年 4 月结束，3 年时间总体呈下降趋势，现在看到的走势，2010 年 11 月 9 日是顶，2014 年 4 月 30 日是底。3 年时间你会蛰伏不动吗？

图中可见，该股也有若干次波动，明显的波动是 A 到 B，C 到 D，从 A 底到 B 顶，升幅 42%，从 C 底到 D 顶，升幅 57%。这两次的升幅还是很有诱惑力。不过，你可能不知道它会从哪里开始主升？尤其在 D 处，调整已过两年，如果趋势转向，就不止 57%这点升幅，如果没有办法判断顶底的大小，在犹豫不决中，57%的升幅就慢慢消失，最终亏损。

图 1—2—12

走势到 E 处，如果不能判断这个底的大小级别，后面的主升就会让人措手不及。自 2014 年 4 月 30 日的底开始转向上升，到 2014 年 12 月 22 日一带，升幅翻倍，23 日停盘，2016 年 1 月 11 日复盘，之后连续涨停，之后又快速下跌。这期间大盘正在调整中，而且之前还有过千股跌停的惨剧，没有判断方法，猜你会落袋为安，而该股却凌厉上涨到 2016 年 3 月 4 日，从止跌点计算又翻倍，只能望涨兴叹。

图 1—2—13 是亿帆鑫富（002019）的一段走势图。大盘从 2015 年 6 月 12 日之后开始调整，亿帆鑫富也随之调整，期间波动频繁，从 A 反弹到 B，升幅 69%，如果有顶底判断方法，利润也不菲。如果不知道 B 处是波段顶，那么从 B 到 C 就没有利润了。

该股 2015 年 9 月 15 日创下低点后，又开始向上，直到截图时看见的 D 处高点。现在看来，2015 年 9 月 15 日的 C 处就是底，2016 年 3 月 22 日的 D 处就是顶，升幅一倍以上。两个问题：一是能确定 D 处就是顶吗？二是从 C 到 D 这一段不断波动，怎么就知道它会上升到 D 处？因为大盘在这期间调整并未结束。

自 2015 年 6 月 12 日至 2016 年 3 月 22 日这期间，虽然市场处于调整中，如果有方法能判断顶底，波段操作亿帆鑫富这只股，8 个月时间，如果连 C 到 D 这段标示的更小波段也操作，理论计算利润可达三倍以上。

图 1—2—13

从上述案例分析中看出，浪级有大小，大小浪级都涉及顶底判断，而且不仅仅是调整中需要判断顶底，主升段同样需要判断顶底。

股市像打仗，没有战略战术，只有亏损受伤，甚至灭亡。判断顶底的技术就是枪，练好枪法才上战场。在后面章节中，我们分别讨论用不同的方法，判断大小波段的顶底。

第2章 抄底五法

明确了大小顶底概念，也就明确了操作波段的大小。在股市能不能赢利，这是一个非常关键的问题。比如你对波段大小的把控能力不强，或没有多少时间观察市场，你就不适宜小波段操作。反之，如果对波段大小的把控能力很强，在同一个中级波段，可以多赢利30%以上。因为一个中级波段包含5小段，其中有两段是调整浪。

仅说对波段的“把控”而不说“把握”，涉及两个方面，一是判断波段的技术，二是果断的决策，这两者缺一不可。比如判定某处是某段的底，要敢于进入，一旦发现错了，要果断纠正。市场千变万化，必须要有应对措施，这就是对输赢能力的考验。

这一章我们专门讨论运用不同的方法，抄大小波段的底。

人有人性，股有股性。一个相同板块的股票群，在同一个下跌的主要趋势中，从开始到结束，大体上差不多，但是运行模式各有不同，不同的模式应该用不同的方法判断。

买卖股票像打仗，十八般武艺，不能样样精通，但得广泛熟悉，还得精于一种。关公使大刀，张飞用长矛，各有招数，沙场征战才有胜算。

第1节 通道抄底法

事物运行总有一定之规，比如天上的飞机就要遵循航线飞行。股价运行也有自己的路线，通道就是路线之一种。用通道法判断底部的关键，就是观察价格运行是否有效突破通道上轨，并形成上升趋势。

一、下降通道的模式

同一条趋势路线会有不同的模式，这就是千变万化的市场。通道不是一种，而是多种，就像飞机、轮船的通道是航线，火车的通道是铁路，汽车的通道是公路，事物运行，各有其道。

在股市中，对K线运行趋势的界定，道氏理论最早发现通道方法，波浪理论把通道方法的运用推进一步：下跌浪将1、3浪的低点连线作为下轨，上轨以4浪的高点为界，画出通道，预测5浪的走向和幅度。后来，美籍俄国人安德鲁在通道原理启发下，又发明了音叉通道。此外，还有一种通道，可以称之为三角形通道，我在研究中进行了整理。

（一）道氏理论通道

为了说明道氏理论通道，我们以图为例。（见图2—1—1）

这是新大陆（000997）的周线图，图中有6段通道，而且是大通道套小通道。其中标示的ABC三段指的是下降通道。从图中可以看出，大通道是在小通道的基础上建立的。道氏理论不讨论浪级，判断一个趋势主要是观察通道，只要股价在通道中运行，这个趋势就没变。

我观察趋势比较重视周线，我认为日线略小，月线略大。其实这幅图的通道在日线和月线中是一样的。

道氏理论的通道方法，优点是不考虑浪级，简单明白，只要股价在通道内运行就是一段。但缺点也在于不考虑浪级，顶和底不能提前预测。

图 2—1—1

（二）波浪理论通道

关于波浪理论通道，我们还是以图为例。（见图 2—1—2）

这是亿帆鑫富（002019）的一段下降图，在这幅图中，通道的连线与上一幅图有很大区别。上一幅图的 K 线都在通道之内，而在这一幅图中，2010 年下跌之初那一段 K 线却不在通道之内。这样连线的依据是什么呢？是依据浪形，以 2、4 浪高点连线为上轨，下轨以 3 浪低点为界形成的通道。

波浪理论的通道方法，优点是可以提前预测终点，当 4 浪确认以后，建立通道就可以预测 5 浪会在哪里止跌。在图中，2012 年 12 月这个低点基本可以确认见底，因为下跌浪很少会在 5 浪抵触下轨。缺陷是浪形把握不准就会失误，而多数下跌浪的走势都不规范。

图 2—1—2

（三）音叉通道

音叉通道可以理解为在某条通道的基础上增加一条相同宽度的通道。股市走势千变万化，有的形态很特殊，使用音叉通道可以发现某种规律。（见图 2—1—3）

图 2—1—3

在振兴生化（000403）的这段下降图中，股价下跌的最初那段在一个通道，主要下跌段在相同宽度的另一条通道。音叉通道模式基本特点是，下降的完整段有三分之一在一个通道，三分之二在另一个通道，三分之一部分要么在下跌初期，要么在下跌末期。

（四）三角形通道

股价的运动形态千差万别，但又有规律可循，三角形通道的概念是我的定义。

图2—1—4就是一种三角形通道。

图2—1—4

中能电气（300062）日线图中的这段下跌走势，用平行通道和音叉通道难以界定，用数浪的方法可行，但数浪的方法比较烦琐，用三角形通道比较省事。图中可见，股价在下降过程中，股价的高低点呈坡度收敛，成三角形形态。

二、建立通道的方法

通道的真正意义不是观察股价完成后的形态，而是在股价运行过程中，预判价格波动的方向和拐点，为操作提供决策依据。股价运行没有固定的模式，我们要在价格波动过程中，通过K线排列形态，运用不同的方法去发现它的运动规律。也许在发展之初无法知道它的规律，但这个规律总会逐步显现出来。

那么，如何建立通道呢？道氏通道的建立原则是：以最先出现的次高点与最高点连线作为上轨，下轨则以第一个低点为界画出平行线建立通道。或者，以最先出现的两个低点连线作为下轨，而上轨以第一个次高点为界画出平行线建立通道。最初的通道建立之后，还应根据走势进行适当调整，以股价触及次数最多的连线作为正确的轨道线。图 2—1—5 就是一个道氏通道。

图 2—1—5

这是鄂武商 A（000501）的一段日线图，建立该股的通道很简单：将下跌之初出现的第一个次高点 B，与最高点 A 连线作为上轨，下轨则以第一个低点 C 为界，画出一条下降通道。图中可见，股价在此后的 D、E 两处触及下轨，包括 C 点共 3 次触下轨，说明通道可信。

股市运行有一个基本规律，如果推动上升浪走势简单，调整浪走势就可能比较复杂。因此，对下跌走势，采用唯一的通道观察就有欠缺，应该考虑大小通道，还要根据走势，利用几种通道模式观察，正确判断价格的最终走势。

图 2—1—6 北大医药（000788）这段走势就是通过大小通道逐步确认。

在这幅图中，B 处并不是最高点，前面还有更高点，但这种形态的最高点无法连线建立通道，这种形态是道氏理论描述的双顶。该股在 2011 年 3 月下跌之初的一段，没有明显的次高点，但从 B 到 C 可见几个高点形成有序坡度，这就可以连线作为上轨。下轨以第一个低点 A 为界建成一个通道。走势后来在 E 处触下轨，此后上升并突破上轨，运行至 F，没能保持趋势再次向下，由于看不清运行什么模式，只好再次用通道方法观察走向。

图 2—1—6

图 2—1—7 是一个增加通道宽度的案例。

图 2—1—7

天润曲轴（002283）这段日线图的走势很怪异，用数浪也难以判断，运行通道是在调整中形成的。该股于 2011 年 3 月下跌以后，在 B 处形成一个次高点，将 A、B 连线作为上轨，下轨以第一个低点 C 为界，初步形成通道。但股价在 D 处触下轨后的上行并没保持到上轨就回头下跌，而且跌破下轨到 E 处。一般来说，股价 3 次触及下轨，即便跌破下轨，但很快回头向上，返回通道，表明这个通道仍然有效。而该股直接跌破下轨到 E 处，说明通道失效，应将下轨下移，遂以 E 处低点为界重建通道。这样一来，通道宽度增加了，有效性也就增加了。后来，该股跌到 F 处，瞬间破下轨重新回到通道，再后来，股价反弹到 G 处，在离上轨还远的位置回头又跌，然而到 H 处，还没触及下轨就止跌回升，说明通道有效。

这里需要提请注意，通道宽度不能随意增加，首先是形态要合理，其次是触点要有依据。在上面例子中，股价 A、B 的触点没变，而在下跌后期，E、F 触点的坡度基本相称，这样才算合理。

图 2—1—8 是一个大通道套小通道的模式。

图 2—1—8

上海凯宝（300039）从 2010 年 11 月 25 日的高点开始下跌，第一个次高点在 b1 处，将最高点 a1 与次高点 b1 连线，下轨以 c1 为界，初步形成一条平行通道。此后，该股在 d1 处冲出通道上轨，很快又回到通道内，说明调整并未结束。像这种通道幅度窄而陡，且只有3段的走势，一般不会止跌，多数时候会走5段。该股很快走出5段，到达e1时还短暂冲出通道下轨，但很快又回到通道内，可以视为短期止跌。此后，股价快速冲破通道上轨，上升到B又回头下跌，这时我们可以试着建立大通道，上轨以最高点A与B连线，下轨以C为界形成平行通道，但很快发现，该股又快速突破AB连线，上升到D，不过，冲出通道上轨之后又很快回到通道。对于这种情况，应该调整通道，上轨以最高点A与D连线，下轨仍以C为界建立平行通道，因为此时还没有比C更低的点。这个大通道建立后，还可以在大通道内建立小通道。图中显示，该股很快从D跌到b2，而b2之前有个低点a2，于是将a2、b2连线，上轨以c2为界，建立一个小通道。此后，该股跌到小通道d2和大通道E的交会处，此处基本可以确认见底。为什么呢？因为前一段通道窄，跌了5段，后一段通道宽，跌了3段。另外，这种形态还涉及形态对称，这里不细说。

图2—1—9是一个以波浪连线的通道模式。这种通道模式的特征是价格明显呈5段运动，而且多以1、3连线为下轨，虽然也有2、4连线为上轨的情况。

图2—1—9

这是海马汽车（000572）的一段下降图，像这种以清晰的推动5浪下跌的情况很少。当走势运行到3的时候，一个推动下跌的浪形已现雏形，如以1、3浪连线为下轨，上轨以 4 为界，这个通道就建立了。股价在 2012 年 9 月创下低点后，穿越通道上轨，经短暂下降后开始上行。像这种走势，如果用道氏通道法就很难准确界定。

图 2—1—10 是一个音叉通道模式。这种模式的鲜明特点是长短不同的两段下跌分别在两个相同宽度的通道运行。

拓日新能（002218）这段走势是从 2009 年 8 月开始下跌，上轨以 A、B 连线，下轨以 C 为界，形成一条平行通道。图中，B 之前还有一个次高点，为什么不以这个次高点连线呢？因为该连线的上轨很快就被突破，表明是不太合理的通道。

拓日新能从 B 处下降，还没触及下轨就折返上行并突破上轨，虽然此后转身下跌，逐次跌出低点，却再没回到通道。如果增加一条相同宽度的通道，可以方便观察后来的走势，这样就变成了音叉通道。

图 2—1—10

图 2—1—11 是一个三角形通道模式。这种通道的上下轨不是平行线，上轨依据高点和次高点画射线，下轨依据第一低点和第二低点画射线，股价触线次数愈多愈可信。

中金岭南（000060）这幅图中的走势用其他模式较难观察，因为该股逐渐形成一个三角形通道模式。这个案例重要的画线在于下轨，股价从 A 到 E 有 5 处触及轨道，第6次到达F位置时穿破轨道，但贴近轨道，最后一跃而起。

这个三角形模式的上轨（A）、（B）两处是明显的高点和次高点连线，走势离开这个模式时已经临近锐角末端。

图 2—1—11

这里看到的图表是使用的普通坐标，如果用对数坐标观察，股价还没有到三角形锐角末端，走势就转折了。我在研究中发现，同一幅价格走势图，普通坐标和对数坐标的图表形态是有差异的，K线级别愈大，差异就愈大。对于平行通道，采用对数坐标更精确，对于音叉通道和三角形通道，采用普通坐标更精确。采用不同坐标的基本原则是以两种坐标互换观察，哪一种更符合通道形态就相信哪一种，因为价格的走势形态无常。

三、通道抄底法

进入股市，如果能够只做中级波段已经很不易了，可能极少有人坚守大波段。这里所说的大波段概念就是从上证开市至今，所持股票不动，有这样的投资者吗？因此，我们讨论波段抄底，撇开大浪波段不讨论。

图 2—1—12 是陕鼓动力（601369）的一段日线图，图中的一段下跌持续了近4年，空间下跌三分之二。其中标示高点A之前还有一个平行高点，实际是双顶。该

股自2011年4月下跌之后，在B处形成第一个次高点，以A、B连线为上轨，下轨以C为界可形成通道，此后几年时间，走势都在这个通道运行。中段以后，股价在D处触上轨，到最低点F时也没触下轨，并于2014年6月再次形成低点，几乎与前低平，这时的走势离下轨远，离上轨近，很容易突破，而且股价已经调整800多个交易日——没有只跌不涨的市场，这就是抄底的好机会。

图2—1—12

图2—1—13是青鸟华光（600076）的一段日线图，这段下跌持续6年，走势也较缠绵。2000年5月之后的下跌初期连续出现几个成坡度的次高点，此时以A、B连线为上轨，以C为下轨初步形成通道，之后走势一路下行，很快跌破通道，到达D时才回头向上，但走势仍远离上轨，回头再跌，此时便可以D为界增加通道宽度。此后股价触及一次上轨后再次下跌，直到2006年5月到达E处，股价走势离开通道上轨以后就可以确认底部了。

这个通道形似音叉通道，但又很少有音叉通道模式是这种走势。在D处增加通道宽度，走势结束后可能认为没有多大意义，该股主要还是沿着上通道运行。但是，股市变化多端，有依据地增加通道宽度，会更为稳妥地观察后期走势。

图 2—1—13

图 2—1—14 福日电子（600203）在这幅图上的通道有所不同，该股的上轨连线的 A 点并不是最高点，单从这幅图看，A 只是个次高点，如此连线的原因在于，如果把最高点与 A 点连线建通道，会发现这个通道很快就失效了。像这种走势，要等待股价运行一段时间后，才能发现股价的运行模式。

图 2—1—14

福日电子的走势运行到 B，出现了 3 个明显的高低点，把 A、B 连线为上轨，下轨以 C 为界形成通道，B 之后又出现一次反弹，高度仍然没有超过上轨，说明这个通道有效。走势运行到 D，低点正好触下轨，随后上升并突破上轨到 E，如果数浪，从最高点到 D，是比较明显的 5 段，E 处突破上轨，似乎升势成立，可是随后的走势是重新回到通道，显然还没有到底，这就是通道观察的优势。

福日电子的走势从 E 处回到通道后，以更快速度下行，于 2005 年 3 月创下最低点，但没触及下轨就企稳了，之后反复振荡，逐渐离下轨愈远，离上轨愈近，经盘整在 F 处打出低点与前低持平，此时股价离上轨只有一步之遥，由于调整已有 5 年之久，一旦突破上轨就是可信的底。

图 2—1—15 是福晶科技（002222）的一段日线图，这段走势用了两年时间，从时间上判断，应该是小浪级的调整，此图不必研究究竟是个什么浪级，用通道方法界定就简单，不管是个什么浪级，只要股价在通道内运行，趋势就没变。

图 2—1—15

福晶科技 2012 年 12 月 4 日创下低点时，离通道上轨已经很近，股价突破通道上轨，底部就可确认。

图 2—1—16 所示，欧菲光（002456）这段走势只用了 1 年时间，图中的走势很规整，每一段上涨、下跌幅度大体相似，到 2012 年 1 月时，呈清晰的 7 段，像

这种有清晰波段的走势，无论上涨与下跌，很少出现9段，H与F相比，离下轨更远，此处可初步确认是底。

图 2—1—16

图 2—1—17 同仁堂（600085）在这幅图上的通道很特别，股价脱离了前面一段下跌，所绘通道是以后面的形态为依据。

图 2—1—17

该股 2008 年 1 月是个次高点，此后到 2008 年 11 月的期间，形态规律性很强，上轨有三次触线，下轨有两次触线，在 2008 年 11 月的 F 处创下低点时，也几乎触及下轨，实际下跌时间约一年半，此处无论说是什么浪级，都可以判断为底，然后就是密切关注能否突破上轨。

同仁堂（600085）这幅图的通道给出一个启示，走势一旦定形，通道的宽度和触线点具有合理性，那么这个底部就具有有效性。

图 2—1—18 所示保变电气（600550）这段下跌通道，看似与上一案例相同，上轨连线起点都不是最高点。该股的连线是以 1、3 浪连线为下轨，因为这段下跌浪形清晰，尤其是 3 浪，其间也包含有小 5 段，这是一个明显的 5 浪推动下跌。

前面说过，用波浪连线建立的通道，能提前预知 5 浪的结束点。2014 年 3 月，该股创下两个平行低点，虽然没有触及下轨，也可确认底部。多数时候，下跌 5 浪是不会触及下轨的，一旦突破上轨，升势展开。

图 2—1—18

图 2—1—19 是天业通联（002459）的日线图，这段 5 浪推动下跌的大形态清晰，而每段的形态较模糊，但只要通道合理就可信。这幅图与前面波浪连线的通道有共同点，都不是以最高点连线。通道是以 1、3 浪连线为下轨，上轨以高点 2 为界。天业通联这段稍为不同的是，5 浪结束后，走势突破通道上轨，又贴着通道震

荡，再次走出与前低平行的低点，筑成双底。有了双底，只要再次突破通道上轨，这个底就可信。

图 2—1—19

图 2—1—20 保龄宝（002286）这个通道是以浪形为依据，因为此段的波浪形态很清晰。

图 2—1—20

图中细部看似波动频繁，大形态却是清晰的，浪形结构很鲜明，尤其是 3 浪特征明显，因为包含了 5 段细浪。这样的形态可靠性很强。5 浪是直线下跌，样子很吓人，其实知道了 4 浪，2012 年 12 月 4 日这个底就容易判断，因为推动 5 浪的下跌一般都不会触下轨。

图 2—1—21 航天机电（600151）这段下跌用了 1 年时间，这也是 2、4 浪连线，下轨以 3 浪为界，而且 1 浪也正好在下轨上，这种通道更可靠。至 2012 年 12 月 4 日，可见 5 浪中也有清晰的小 5 段，这就可以判定是底。

图 2—1—21

图 2—1—22 显示华菱星马（600375）的波浪连线有些区别，图中标示 2 处，高度与前高平，看似三重顶，实际上把这里视为 2 浪，这是因为自 2010 年 11 月的高点以后，到标示 1 处，呈下跌 3 段形态，用时也不短；2 至 3 这一段，用时长，跌幅深，也有小 5 段形态，这段具有 3 浪特征，更重要的是，这个通道的下轨虽然只有一次触线，上轨却有三次，具有合理性。

图 2—1—23 是新农开发（600359）的一段日线图，自 2009 年 12 月下跌，很快形成一段可以建立通道的形态，可是该股又很快在 D 处突破上轨，不再回到通道，这时就增加一条相同宽度的通道进行观察。后来的走势主要在上通道，期间有过一次短时间进入下通道，之后反弹触及上通道上轨，说明这是一个音叉通道运行

模式。走势到E处时，已有两个平行低点，这个底的特征比较明显，从E处上行后突破通道，回头又是一跌，到2013年6月25日再次临近前平行的低点，此后便离开通道，这个三重底很可信。

图2—1—22

图2—1—23

图2—1—24中浦东金桥（600639）的音叉通道很规范，在整段运行期间，高

点和低点都触及轨道线。整个下跌趋势的运行，基本上是下通道和上通道各占一半，而且前半段与后半段走势形态较为对称。该股 2012 年 11 月在上轨线附近创下低点，接着就突破通道，这种底也容易判断。

图 2—1—24

图 2—1—25 就有些奇诡，处于走势运行中根本无法知道会是什么模式。

图 2—1—25

三峡新材（600293）自2010年2月至2014年1月，运行两年，临到末尾时，用音叉通道界定，才看出运行模式。

发现晚了，说明市场运行变幻莫测，但最终还是可以用某种方法发现其中的规律。这也进一步表明，宇宙万物，看似杂乱无章，实则还是运行有序。

图2—1—26友阿股份（002277）的音叉通道不规范，前面也有近似案例，这种走势是到了下跌后期才能发现是何种模式。图中A、B与C、D的坡度一致，也可以把它视为平行通道，但很少有平行通道会这么宽。用音叉通道这种方法界定的好处是，便于观察走势的发展。

图2—1—26

该股在D处判断为底部，是因为与A、B段非常对称，但由于离上轨很远，所以要注意会存在诸多变数。该股从D处快速上升突破中轨，然后再次回到下通道，当2013年6月25日创下与前低持平的低点时，视为底就可靠了。

图2—1—27杭锅股份（002534）这幅图有些畸形，它的下通道很规范，浪形也很规范，可是突破中轨后，并没保持上升走势，而是上下跳动，到2014年6月才一个冲刺突破通道。

这个案例并不是音叉通道模式，只是借用音叉通道方法，观察其股价的发展。股价突破中轨后，离上轨还很远就开始激烈涨跌，而且是围绕中轨，说明上升趋势并未形成，直到 2014 年 6 月才企稳。这期间 A、B、C 三处低点，可以看作是三重底，这样的底就可信。

图 2—1—27

图 2—1—28 远兴能源（000683）在图中的这段走势让人难以把握。

图 2—1—28

该股自 2009 年 12 月走出一段凌厉下跌，随后又开启一段凌厉上升，最高点基本与前高平行，之后的上蹿下跳都很凌厉，最初看不出股价会怎么走，但渐渐地就出来形态了。如果依据图上方出现的 A、B 两个点画一条阻力连接线观察，就会确认，因为图下方的（A）点太深，不可能建如此宽的通道。走势到了阻力线的 C 点仍看不出运行模式，直到（B）点一带出现可画的下轨线，再与（A）点连线，才发现是三角形模式。这时下跌趋势已近尾声，当走势于 2014 年 6 月离开三角形的锐角处，这个底才确认。

图 2—1—29 昊华能源（601101）这个三角形通道与上一案例相似，不同的是，这个三角形模式出现较早，A、B、C、D 四个点出现后，就是三角形态。后来的走势从 D 点开始上行，这时也接近三角形末端，但迅速突破上轨后没能保持趋势，回头逐渐再跌，说明这条细线的坡度太陡不尽合理，于是我们对上轨线调整，将 A、E 连线作为上轨观察。当走势到达 F 处时，下轨已 3 次触线，说明通道合理了。该股于 2014 年 5 月在 G 处创下低点，这时处于修正的三角形末端，随后股价走势离开通道，底部就算确认。

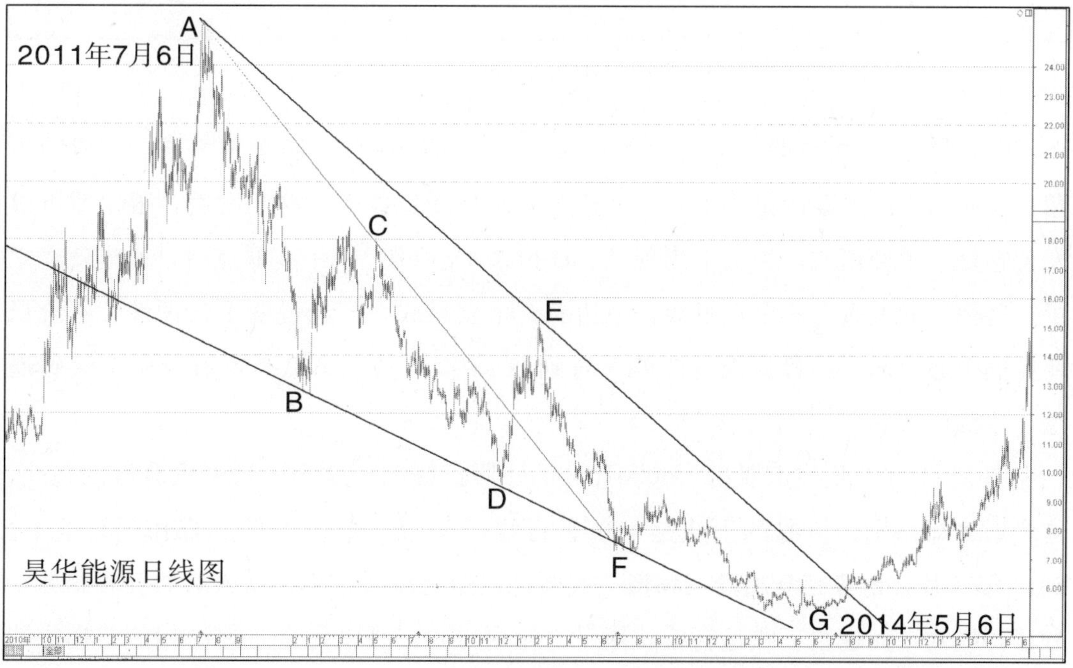

图 2—1—29

图 2—1—30 金杯汽车（600609）这段三角形走势就很规范，上下轨各有三次触点。股价 2014 年 6 月 18 日开始上升，此后很快突破上轨离开三角形模式。在这

个案例中，走势上下出现B与（B）的位置时，三角形的模式就表现出来了，从而也就知道可能在哪里结束。

图 2—1—30

图 2—1—31 杭氧股份（002430）这个三角形模式与上述案例不同，该股的顶角是反向的，前述案例是逐步收敛，这个案例是逐步扩散。这个案例，很快就可以发现它是三角形模式，当上下出现 A、B 和（A）、(B) 四个高低点时，通道就建立了。这幅图的上边有 4 个点触线，下边有 3 个点触线，已经说明了合理性。股价只要在这个通道内，趋势就没有改变，直到 2014 年 4 月创下低点，股价向上突破通道，才确认了底部。

图 2—1—32 是包钢股份（600010）的一段日线图，这个三角形没有特别之处，这个走势却特别，该股的下轨是一条平行线，A、B、C 三处低点都在平行线上。2014 年 7 月，走势完全离开三角形，表明这段运行模式结束，也就必然会开始另一种运行模式，而这段下跌运行模式用了 3 年多时间，所以完全有理由相信旧模式的终点是底部拐点。

图 2—1—31

图 2—1—32

图 2—1—33 匹凸匹（600696）这种走势最难把握，这种三角形模式在前面也有相似案例，这个案例看似三角形，却并不典型，主要依据是下轨，有 A、B、C

三处触点。民间有句俗语，事不过三。三次触线未破，而且 C 处也临近模式边缘，底部判断可以成立。

图 2—1—33

前面说过，万物各行其道，运行总会有一种模式。如果是运行通道模式，只要没有突破通道，趋势就没有变，但为什么又分为大小不同波段底呢？股市运行是有时间匹配的，也就是浪级大小与时间关联，同时也涉及浪形位置。尤其对于浪形位置说来就复杂了，这里暂不讨论。

图 2—1—34 是格力电器（000651）的一段日线图，这是一只牛股，自 2006 年以来一直处于上升期，这一段是这么多年调整最深的一段。前面的案例中，一个运行模式的完成都在两三年，格力电器这段调整只用了 80 多个交易日，此段属于什么浪级，至截图时还眉目不清难以判断。该股在 D 处创下低点，其后逐渐离下轨远，离上轨近，我们不管什么浪级，只要股价离开这条通道上轨，就会开始另一种走势，这样抄底没多大风险。

图 2—1—35 是光华科技（002741）的一段日线图，在这幅图中，股价的走势只用了 20 多个交易日就离开通道（中途停盘，实际经历 60 多个交易日）。在后来的几十个交易日中，该股升幅几乎达 4 倍。所以，对于通道模式，我们可以不要太在意它的浪级，只要该股离开通道，就会是另一种走势。不过，我们前面说过，浪级与时间

关联，一般情况下，一个下跌几十个交易日就转向上升的走势，最好也不要期望能上升几年。当然，这里说的是小趋势，如果是大趋势中的一段下降则另当别论。

图 2－1－34

图 2－1－35

图 2—1—36 博世科（300422）与上一案例相似，这条通道也很规整，上轨四次触线，下轨三次触线。前面说过，触线频率愈高，可信度愈高。该股在下轨的（C）价格区连续两次触线，激进型交易者在此抄底也无多大风险。

图 2—1—36

图 2—1—37 是万邦达（300055）的一段日线图。

图 2—1—37

图 2—2—4

图 2—2—5 洛阳钼业（603993）也是两条阻力线，但是又与前一案例不同，线 1不是依据几个点连线，而是依据 K 线坡度排列画连线，尤其是标示 A1 那一段，K 线始终被这条线压制，走势到 B1 处突破，此后再也没回到这条线。

图 2—2—5

洛阳钼业突破线 1 后创新高，如果将 2013 年 3 月的最高点与线 2 的 A2 处连线，你会发现走势很快突破，在 B2 处又回头向下，重新回到线下，所以这样的线就无效。因此，线 2 的起点不是从最高点连线，而是依据 A2、B2 两个点连线，走势到 C2 点时，几乎触及阻力线，说明这条线有效。

直尺丈量趋势，坡度至关重要。洛阳钼业的走势到 D2 处时，就会发现线 2 的坡度才具有合理性。

图 2—2—6 国栋建设（600321）的这把直尺与前都不同，走势从 2001 年下跌以来，到 2005 年结束，4 年间绵绵下跌没有大的起伏，几乎贴线下行。A 点和 B 点连线以后，C 点时突破，但很快又回到线下，此线是否构成阻力？后来有 D、E、F 三点触线，加上 B 点有 4 次触线，坡度合理，说明阻力有效，C 处只是意外。

图 2—2—6

图 2—2—7 西部矿业（601168）的阻力线就复杂一些，图中有 3 条阻力线，这算是大小不同的波段。

这只股自 2007 年 8 月下跌以后，至 2014 年的 7 年间，走势都属于调整。第 1 条线的下降角度很陡，A1、B1、C1、D1 连续 4 个触点都在这条线受阻，直到 E1 点时才突破。

第 2 条线很短暂，但是在 D2 点突破之前，仍是 A2、B2、C2 三个触点成坡度排列。

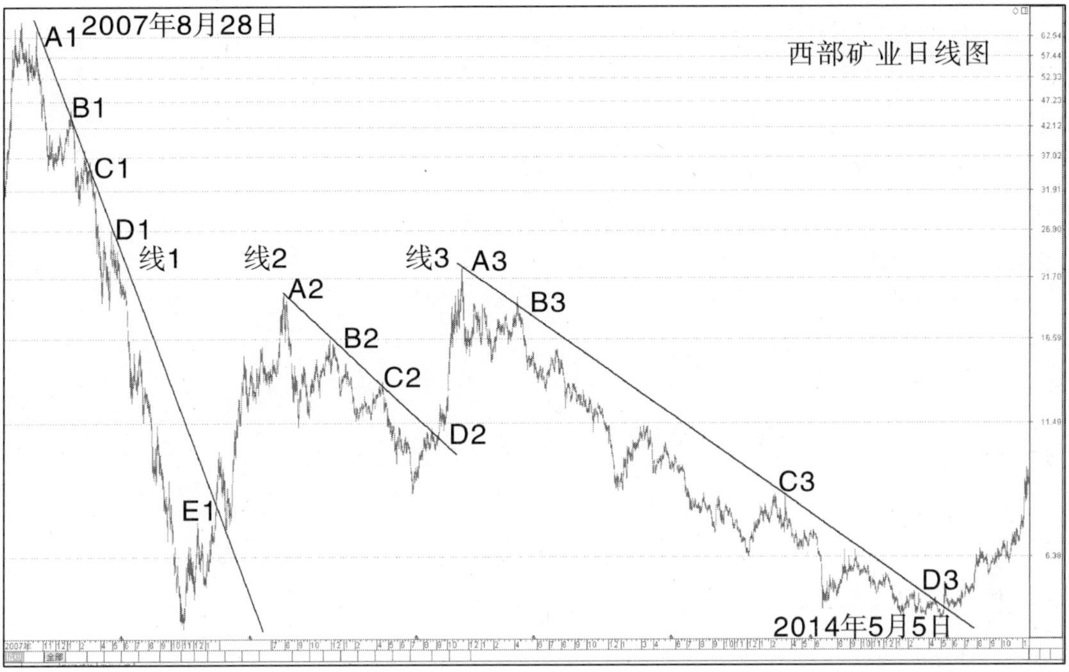

图 2—2—7

第 3 条线很长，A3、B3 连线后，股价在 C3 点触线回头向下，形成三点触线，到 D3 点时突破向上。

这个案例的走势，说明短期走势只要成坡度有三点触线，依据连线就可捕捉底部拐点。

图 2—2—8 一拖股份（601038）这段日线图怎么把握呢？其实还是用趋势线跟随。与前面案例不同的是，这是一段呈箱体震荡的平行调整，这种阻力线属于小波段趋势线。

图 2—2—9 南京银行（602009）这段图与前面案例不同，图中也有三条线，线 2 线 3 相似于一些软件中的阻速线，阻速线的设计原理很好，但在实际运用中准确度不太高，容易被人冷落。

图中的第 1 条线容易设置，走势也很规范，三个触点之后，D1 点突破。

第 2 条线 A2、B2、C2 三点连线，D2 点触线，E 点突破。突破以后只反弹一小段，走势回落调整，但没进入线下。

第 3 条线依据高点 A3 和次高点 B3 连线，射线正好在 C3 点上，说明这又是另一条阻力线。此后，股价在 D3 点突破，走势上扬而去。

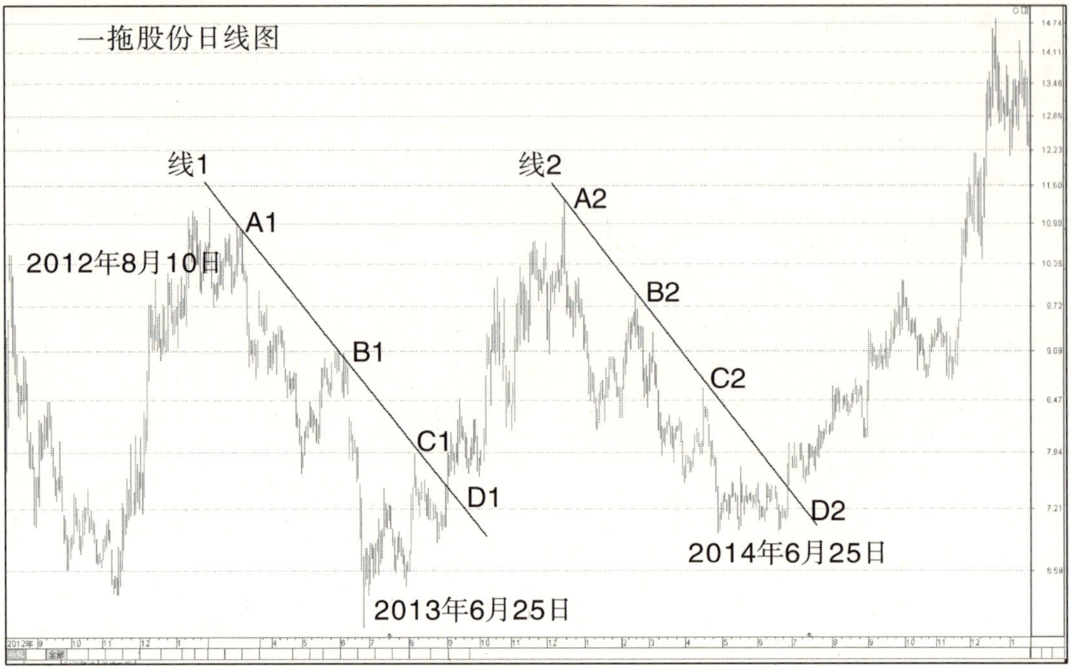

图 2—2—8

图 2—2—9

图 2—2—10 深圳机场（000089）这段走势，如果用数浪法判断，明显是 A、B、C 三段，这种方法需要懂波浪理论，用直尺法判断就简单了。

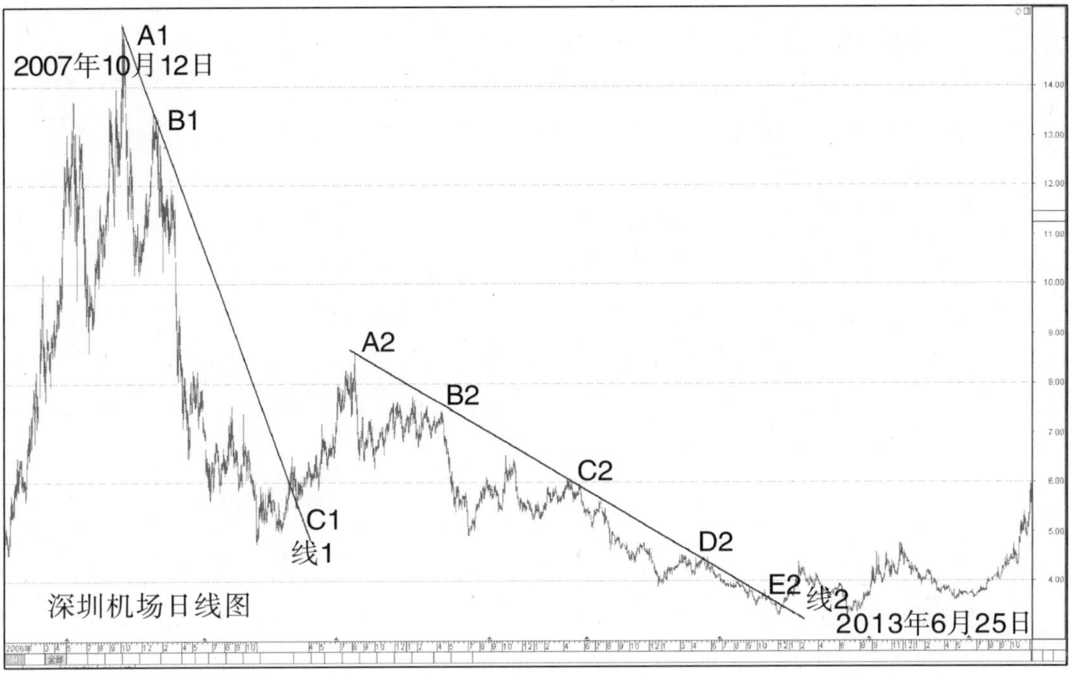

图 2—2—10

第 1 条线是 A1、B1 两个点连线，股价在 C1 处突破。突破之后小反弹，随后再次下降，离线越来越远，显然是第二个模式了。

第 2 条线是出现次高点 A2 之后，把 A2、B2 连线，走势在 C2 处触线回头向下，说明阻力线有效。D2 之后贴线向下，到 E2 处才突破向上。反弹一小段之后再次向下，低点基本与前低平行，徘徊一段后才确定上升。前面说过，股价离开一种模式，会运行另一种模式。

图 2—2—11 凤凰股份（600716）这幅图与图 2—2—1 走势相似，相似的是有个小细节，B 处的尖峰高出阻力线，如果机械连线，就不知阻力在哪儿。对阻力线的连接要按走势总体观察。

这个案例还有不同的是，图下边还有一根平行线，这是支撑线。支撑线多用在上升形态中，调整中出现坡度一致的时候也管用。

这个案例的阻力线和支撑线其实构成三角形通道。图下边平行线（A）点是前一上升波的起点，重要的是平行线（B）点一带，价位多次触线而不破，表明这里有强支撑。后来股价从这里上升突破三角形通道。

图 2—2—11

图 2—2—12 这段图是 TCL 集团（000100）的一个上升形态。

图 2—2—12

该股于 2005 年 7 月出现低点以后，走势蹒跚向上，B 处低点比 A 高很多，仍然将两点连线观察后续发展。该股在 C 点时，价位触线不破，说明有强支撑，后来 D 点也再次触线而不破。

这幅图的上面部分还有一条平行线段，股价有两次触线，第 3 次破线而上。这种线也称为阻力线或压力线。

图 2—2—13 鼎立股份（600614）这段走势，近似于通道模式，又近似于三角形模式，似像非像，最好的办法就是用直尺。阻力线有 A、B、C 三点触线，支撑线也有（A）、（B）、（C）三点触线。这种形态可以把每一个小段都吃尽。

图 2—2—13

图 2—2—14 隆基股份（601012）的这段走势像台阶一样，上升一小段又开始调整，连续三次如此循环，其他方法都不好把握。线 1 和线 2 显示有一定的走势规律，若线 3 线 4 如法炮制，就可轻松跟定它的走势。

图 2—2—15 海南航空（600221）这段走势就复杂了，线 1 依据 A1、B1 两个点连线，C1 处突破以后，走出一波大行情。

线 2 是一波直线下跌，多处向上碰触直尺而不破，直到股价几乎回到上升之初的位置才止跌，随后突破直尺呈尖底反向运动。

线 3 是 A3、B3 连线，B3 以后有一个触点，C3 处突破后并未上行，还继续向下。由于有线 1 线 2 的低点，依据这两个点连线为图中的线 4，而线 3 的这波下跌落点在线 4 止跌，这就抓住了底部低点。

图 2—2—14

图 2—2—15

图 2—2—16 浙大网新（600797）的底部捕捉完全依据一条支撑线，当 A、B 两处低点连线，就知道了 C、D 两个低点。像这种走势，买入以后，要密切关注股价会不会破线。有些股价的走势会在上行一小段后，回头向下快速破线，这种情况就是亏损也得出局，因为不知底在哪儿。

图 2—2—16

图 2—2—17 华映科技（000536）这种走势不多见，只有画出支撑线才有可能预测未来。图中出现 A、B 两处低点，尤其是 A 处，前后几个低点成有序坡度，将这两处连线，就知道了 C 处低点，虽然升幅不如前两次高，但认真细看，从 C 到 D 的升幅还是有 80%。

这种走势还会有低点，但是不一定会触及这根趋势线了。

图 2—2—18 是炼石有色（000697）的一段日线图，时间不长，但与上一案例相似，图中 A 处前面那个点不是低点，只是上升中的调整点，这种点不足为据。从高点下来，A、B 两处是低点，两点连线形成支撑线，我们便知道它会在 C 处止跌。

图 2—2—17

图 2—2—18

市场走势不论怎样变幻无常，总会有一种方法发现它的规律。直尺是考量世界最常用的工具，几乎所有的工匠都离不开它，我们上小学就开始使用直尺。股市虽然是一堆数据，使用直尺也管用，就像工匠一样，直尺不离手，不管用时再用其他工具。我们从上述案例会发现，在下降趋势中，只要出现 A、B 两个呈坡度的低点，可以先比画一把直尺在那里，C 点触及直尺就是抄底机会。

第3节 魏氏指标抄底法

股票交易软件有若干指标，其中MACD是在K线移动异滑平均值的基础上，观察长期和短期的速度变化，从而判断趋势。这个指标虽然能配合移动平均线观察未来，但不足的是，在小级别K线图中，指标值的波动太过频繁，失去判断意义，而在大级别K线图中，指标值的反应又太过迟钝，当据此发现趋势时，趋势已行将结束。

看似复杂的股市，其实就是筹码和资金的关系，市场内资金量不变，市场就没有涨跌。只有当市场的资金量流出与流入发生变化时，市场才会发生涨跌的变化，也就是股票的价格才会发生变化。这种现象与浮力原理十分相似。

如果根据浮力原理，针对流通股本、成交量、成交额三者之间的关系，运用数学模型，对大盘和大盘股、中盘股、小盘股的月、周、日线进行若干种方案计算，就会欣喜地发现股票的价格确实存在浮力关系，并能从中发现规律性的资金流方向。

为了更便捷地使用这项指标，我们可以借助MACD指标框架和综合计算值，运用斐波纳奇的数列原理，对参数进行革命性的修改，使MACD图形发生重大变化，具有稳定可靠的操作性。

修改参数很简单，把MACD指标的第一个参数12改成34；第二个参数26改成200；（注意：这个参数最理想的计算结果是233，有些软件的最大参数只能改成100，但也足够用于观察。）第三个参数9改成13。

MACD指标设计的理念是针对股市的运行速度，也就是长期的和短期的移动异滑平均值的比较，修改后的指标针对的是资金量的流入与流出之比，而不是运行速度。

用修改之后的MACD指标观察，一定会发现指标柱和指标线的位置全变了，形态也变得更加清晰明了，这种变化也许连 MACD 指标设计者也没想到。为了便于区别，我把修改后的 MACD 指标命名为魏氏指标。

魏氏指标针对的是资金流入与流出之比，也就是观察一个相对时间段，资金流的趋势方向。顶底虽然不是以 K 线级别界定，但顶底有大小之分，在一个相对时间段，资金流的趋势方向反映出波段的大小，也就是顶底大小。

魏氏指标的显著特点是：在一个下降趋势末端，多数情况会出现价与柱、线底的背离，而背离之后具有反向的必然性，这就给抄底提供了可靠的信息。

背离形态在很多指标中都会出现，但是，魏氏指标表现得更鲜明，更有规律性。

背离的具体概念是什么呢？魏氏指标的背离形态，是指价位与指标柱和指标线的比较关系，价位低指标柱和指标线高为底背离，价位高指标柱和指标线低为顶背离。虽然不是每只股在每个波段的顶底都出现背离形态，但多数时候会出现，而且背离之后的走势必然转向。

这一节我们讨论的是抄底，先描述底背离的不同形态。

一、价与柱底背离

价与柱底背离的概念是，价位比前面低，指标柱却比前面高。（见图 2—3—1）

图 2—3—1

图2—3—1三一重工（600031）在图中的这段下跌，走势到A时，指标柱形成一个较大较深的柱群，后来经过小反弹之后继续下跌，走势到B时，价位已比A处低很多，但此时的指标柱反而比（A）处高很多，已在0轴上呈芝麻点状，这就是价柱底背离。

图2—3—2科华恒盛（002335）这幅图同样显示价柱底背离，与上一案例不同的是，三一重工从A到B还经历了两小段反弹，因此（A）以后的指标柱有两次向上突破0轴，在0轴上有两个小柱群，而两小段下跌又在0轴下形成两个小柱群，从（A）到（B）指标柱不是连续的，属于隔群背离。

科华恒盛在A之后有一小波反弹，指标柱只是开始向上收敛，并没突破0轴。走势到B处时，价比A处低，指标柱却比A处高，这个价柱底背离是在一个连续柱群中背离。这种背离，底的级别比隔群背离小。从时间上也可看出，三一重工从高点到低点的下跌，经历了1年，科华恒盛这段从高点到低点，只经历了3个月。

科华恒盛这种柱群形态具有普遍性，凡是群柱向上收敛，不能突破0轴，随后的下跌必创新低。

图2—3—2

二、价与线底背离

价与线底背离的概念是，价位比前面低了，DEA 指标线却比前面高了。

图 2—3—3 中科电气（300035）这段下降经历了 3 年，将指标柱群与价位比较看不出眉目，但当股价跌到 C 处最低点时，就构筑了一个较大较深的指标柱群，而且指标线表现鲜明，在（A）处创下最深位置以后便渐次抬高，走势到 B 时，价位比 A 处低多了，但指标线位置比（A）处高，走势到最低点 C 时，指标线位置不仅比（A）处高，比（B）处也高，这就是价线底背离。

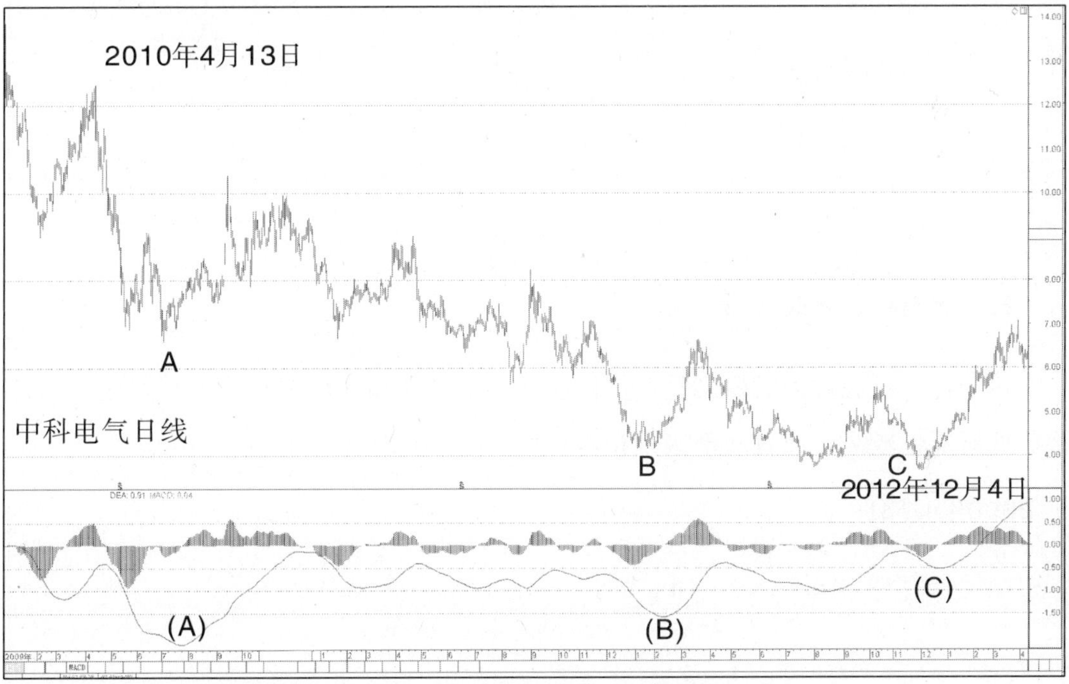

图 2—3—3

图 2—3—4 中航电子（600372）图中的这段下跌用了一年半时间，从 2011 年 6 月下跌到 A 处，指标线创下最深位置，并且构筑了一个规模大而深的指标柱群，这个连续柱群中出现了价柱背离的形态，此后有一波小反弹，到 B 处最低点时，指标柱群较大并处在 0 轴下，但是，指标线位置明显比（A）处高，这里的价线底背离也很鲜明，股价走势从此处转向上升。

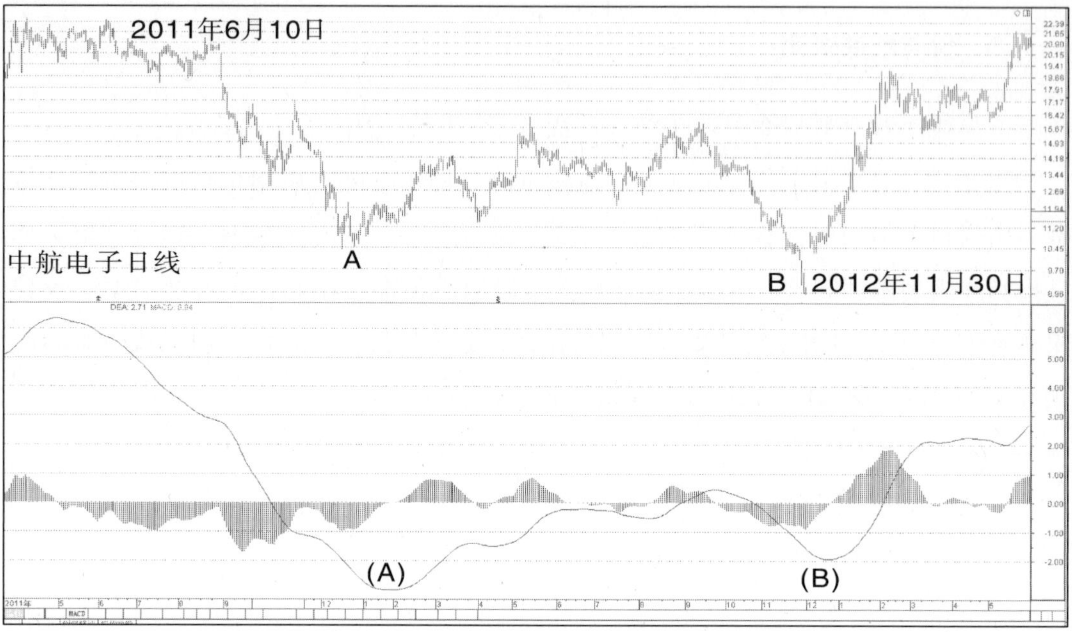

图 2—3—4

三、价与柱、线底背离

价与柱、线底背离的概念是，价比前低，指标柱和指标线却比前高，这种双背离的底可靠性较高，而且底部级别相对较大。(见图 2—3—5)

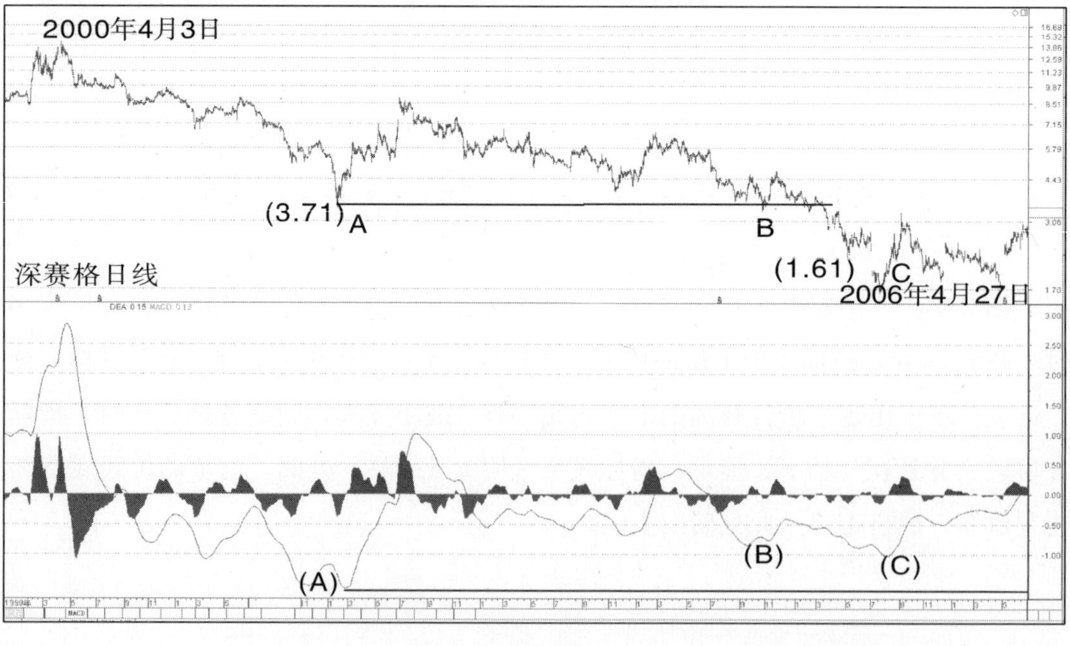

图 2—3—5

图2—3—5深赛格（000058）这段下跌用时6年。从2000年4月下跌到A处，DEA指标线创下最低位置，此时的指标柱已形成隔群背离，股价反弹之后再次下跌，到B处时，指标线和柱都比（A）处高，但价未创新低，这种形态只是象征性背离。走势到C处时，价比A处低57%，指标线和柱仍比（A）处高，这就属于大幅度背离了，而且下跌时间和底背离幅度都预示这个底的级别较大。该股C处以后还有一小段调整，到2006年4月结束，价已未创新低，指标柱也站上0轴，指标线开始上升。这种形态属于价与柱、线双底背离。

图2—3—6富奥股份（000030）这段下跌历时5年，底背离的形态很典型，背离的次数达4次，背离的幅度也很大。通常，背离的次数一般不会超过3次，而且第二、三次背离的幅度都相对较小。从该股下跌时间和背离的次数看，这是一个较大的底。

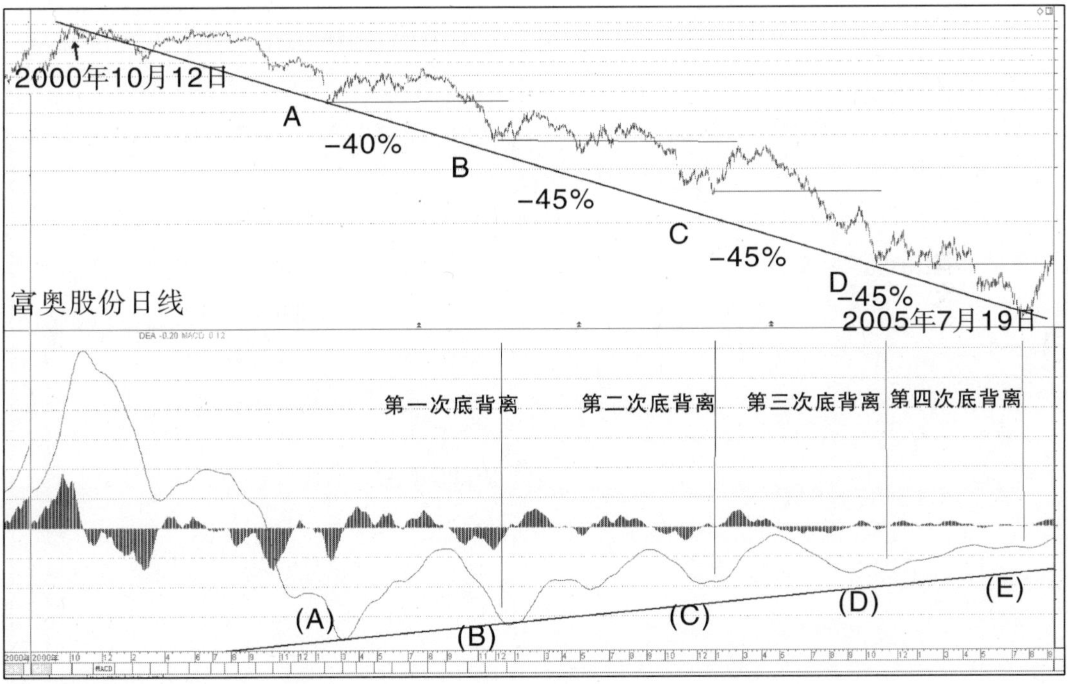

图2—3—6

该股走势到（A），指标线创下最深位置，此后标示的（B）、（C）、（D）、（E）四处，DEA指标线都有转向形态，同时也是价位低点。有一点很鲜明，尽管价在创新低，图中每一段都标示有下跌幅度，但是，DEA指标线却在步步抬高。同时指标柱群也一次次升高，当股价运行到2005年7月一带的最低点时，指标柱已站上 0 轴，柱、线双背离非常鲜明。

图中，K 线和指标线旁分别画有一条线，上下对应呈倒”八”字，形如喇叭状。我在《一招制胜》中描述黑马股形态时，把这种形态定义为“价线运动喇叭形”。后来，这只股从 2005 年 7 月 19 日的低点，一路涨到 2011 年 9 月 21 日的高点，理论涨幅 48 倍。

四、价与柱、线同步向上

在魏氏指标中，指标柱是反映卖出与买入欲望强弱的关系，指标线是反映资金流的方向。

前面描述了价与柱和线的底背离，但市场的情况纷纭复杂，并不是每只股的每一个下降末端都会出现背离形态，也有价与柱、线同步向上的情况，其原因是指标设置的时间相对较长，读者使用时应加以注意。

图 2—3—7 航天电气（002025）在一个很短的时间段，就出现了两次价与柱、线同步向上的情况。

图 2—3—7

该股在 2015 年 7 月 8 日创出一个低点后，指标柱不再创新低，而是有序向上收敛，股价也稳步向上。指标线反映资金流，要比指标柱慢一个节拍，由于资金持续流入，随后指标线也开始上扬。图中，A到B这段上升，约40个交易日，理论计算升幅296%。2015年9月16日又是相同形态，截图时看见的升幅是80%。

图2—3—8同洲电子（002052）这段上升也是价与柱、线同步向上。B处在0轴下是个大而深的柱群，2014年4月29日之后，指标柱不再创新低，而是有序向上收敛，股价也稳步向上，随后指标线也开始上升。2014年12月22日股价出现调整低点，指标柱也是不再创新低，有序向上收敛，股价也稳步上扬。更重要的是，随后指标线上升角度变陡，股价上涨加速。

这个案例有个细节需要特别注意，（A）处也是指标柱不创新低向上收敛，上升一小段后，指标柱最终未能突破0轴，再次返身向下，随后的下跌快而深。这里要注意A处所对应指标线的下降角度，没有持续的资金流入，无法改变趋势方向。

凡是指标柱未能突破0轴，折转向下延伸，股价必创新低。

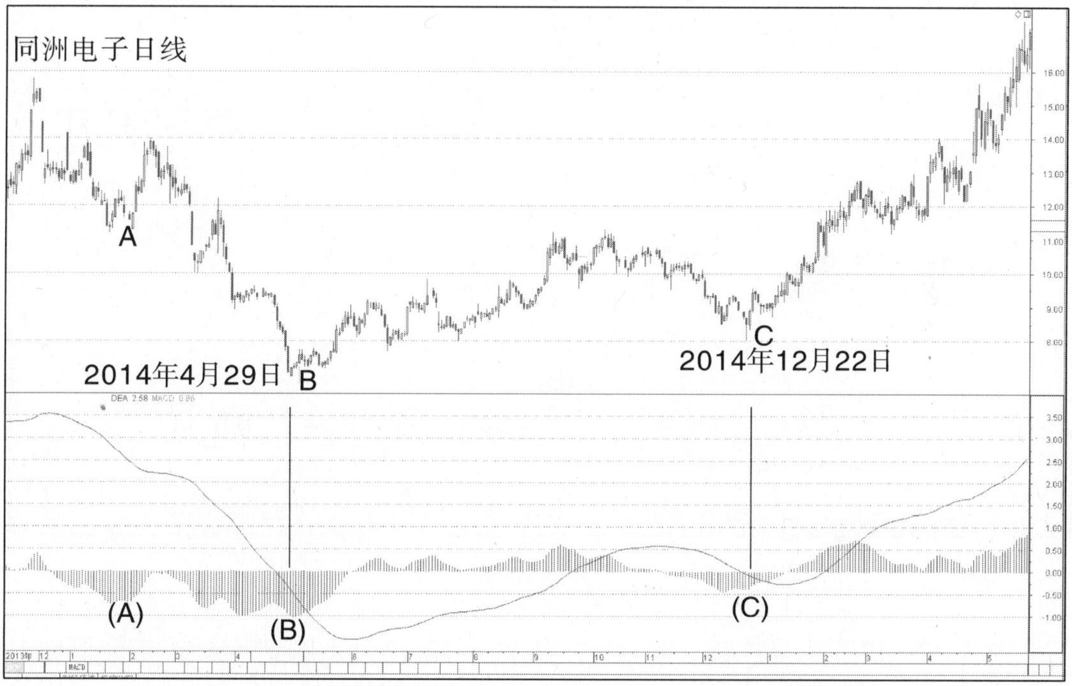

图2—3—8

五、魏氏指标抄底法

股市中有种说法，买得好不如卖得好。这种说法有失偏颇，买也一样重要，买得好可以使成本低，抗风险能力就强。前面描述了魏氏指标判断波段底部的方法，根据这些方法抄底，成本低心态好，风浪袭击也波澜不惊。

图2—3—9是爱施德（002416）上市前半段的日线图，该股从2010年11月下跌以后，（A）处指标线创下最深，小反弹后再跌，在B处时，价比A处略微低，指标线比（A）处高很多，背离。但这个背离幅度太小，因为指标线在（A）处太深，一次背离不容易扭转下跌局势。此后再次下跌到C处时，价与A处相比跌幅很大，指标线比（B）处低，但比（A）处高，指标柱群也明显背离，这属于价与柱、线底背离。（C）处以后，指标柱在0轴上形成一个较大柱群，但是股价并无起色，随后在D处创下最低点，指标线比最深的（A）处高很多，比（C）处也高很多，这里就是抄底的绝佳机会。

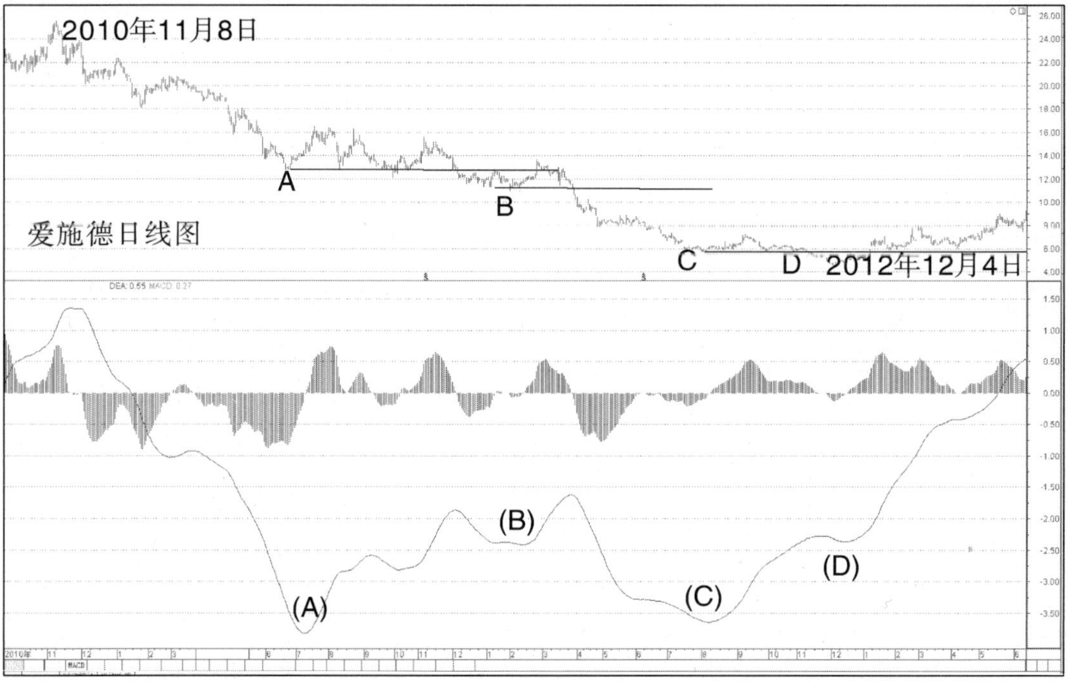

图 2—3—9

图2—3—10显示爱施德（002416）从2013年10月下跌到A处，指标线创下第一个低位，有了参照坐标，随后的发展就有可比性。

A处之后股价几乎是呈箱体横盘，在B处下破箱体，价比A处低，指标线比（A）处高，指标柱也比（A）处高，价与指标线和指标柱双背离。虽然背离幅度很小，却与该股上一幅图（B）处的背离不可同日而语。上幅图（A）处指标线在0轴之下太深，而这幅图（A）处指标线在0轴下较浅。因此，（B）处DEA指标线一旦上扬就是抄底机会。

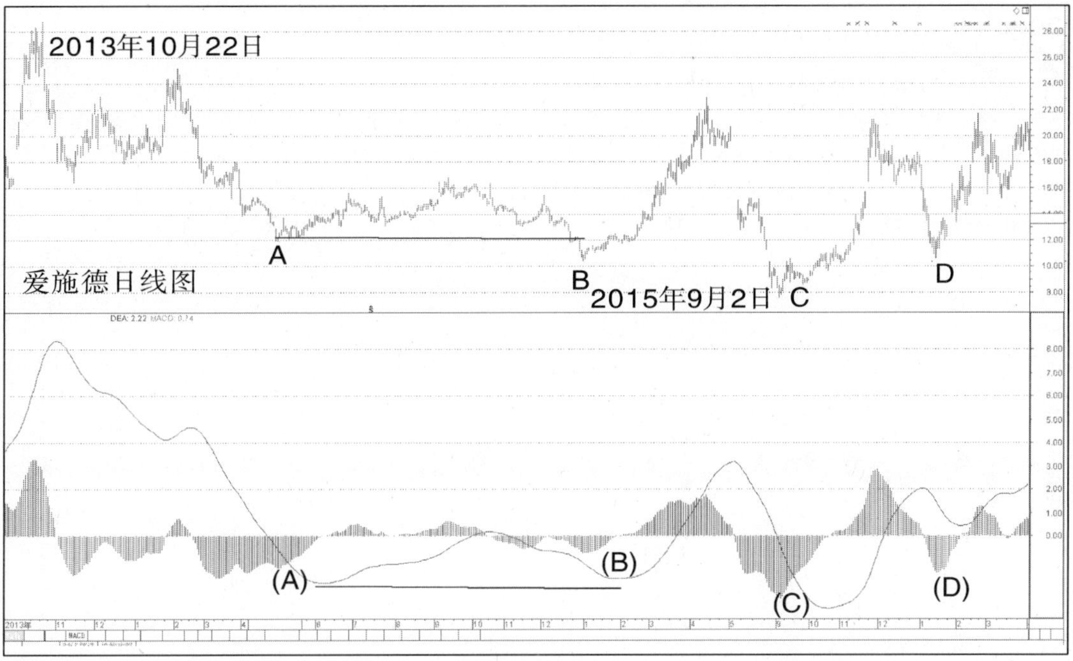

图 2—3—10

一只股票的运行历史过程中，并不是每一次波段底部，都会有价与指标线和指标柱背离，C、D 这两个位置就没有背离，原因在于指标柱向上收敛的速度。2015 年 9 月 2 日创下低点之后，指标柱也是最深的一根，随后指标柱向上收敛的幅度较大，这种底虽然级别不大，但也有利可图，然后就要密切关注指标柱向上速度，尤其能否突破 0 轴，以及指标线是否上扬。

安琪酵母（600298）前 15 年的上市历史中，有 3 个较大的底部，为了看清细节，我们分为三段讨论。

图 2—3—11 是安琪酵母的第一个底，自 2000 年 8 月上市至 2005 年 6 月，5 年时间都在调整中。

走势到 A 处，DEA 指标线创下最深位置（A），B 处价比 A 处低，指标线比（A）处高，这是第一次价与线背离。走势到 C 处，价比 B 处低，比 A 处低很多，指标线比（B）处高，比（A）处更高，这是第二次价与线背离。

指标柱从（A）处之后，柱群在 0 轴上多，在 0 轴下少，也是不断背离，到（C）处时，柱群在 0 轴上的规模明显增大，这也是价与柱背离。

该股的下跌形态，图中的 K 线和指标线分别画有线条，价与线呈喇叭形，凡是这种形态都是抄底良机。

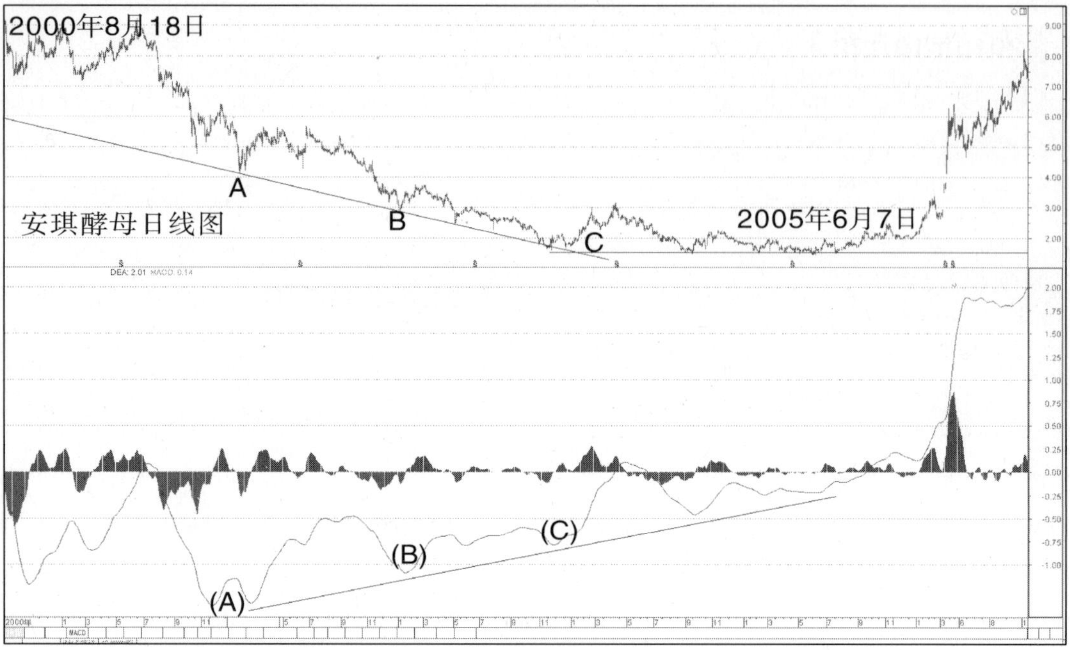

图 2—3—11

C之后出现小反弹，随后还横行一段，此时就是抄底最佳机会。2005 年 6 月之后，股价上行，开始一轮上涨。

图 2—3—12 是安琪酵母（600298）的第二个底。

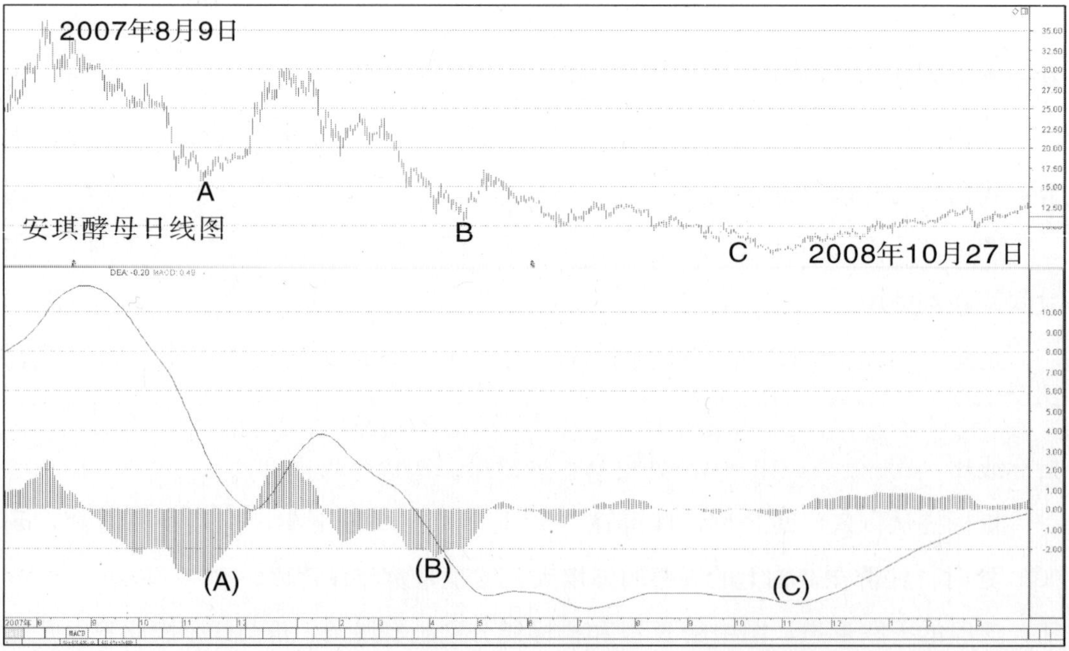

图 2—3—12

这段下跌与上一段不同，(A) 处在 0 轴下是个较大较深的柱群，指标柱在最深处向上有序收敛，其后是价与柱、线同步向上形态，这里抄底，理论计算升幅 50%。

走势到 B 处，价比 A 处低，指标柱比 (A) 处高，但是柱群在 0 轴下规模不小，只是价与柱有背离迹象。走势到 C 处时，价比 B 处还低很多，指标柱群在 0 轴下很小很浅，价与柱严重背离，(C) 处指标线也背离了，这时抄底就是机会。

图 2—3—13 是安琪酵母 (600298) 的第三个底，指标线在 (A) 处创下最深位置，随后指标柱在 0 轴上形成较大柱群，可是价在横走。到 2014 年 4 月的 B 处，指标线略微下降，随后上扬，这时就是抄底良机。

安琪酵母 15 年中 3 次底，虽然每一次形态表现不同，但柱、线结合起来观察，仍能判断底部位置。

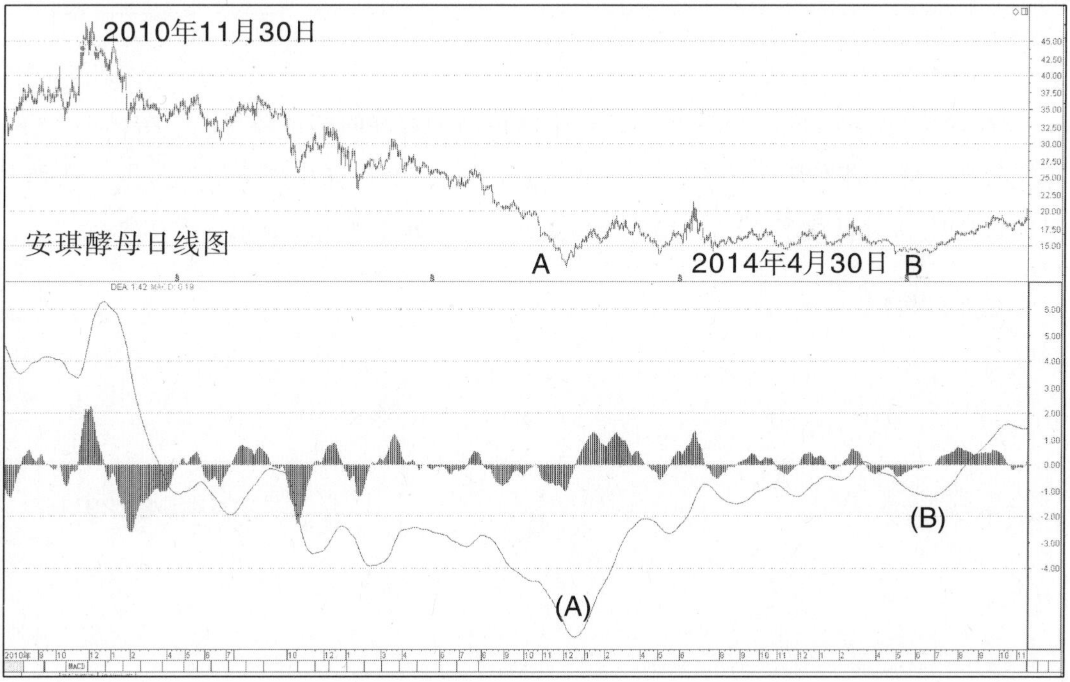

图 2—3—13

图 2—3—14 中天龙光电 (300029) 的这个底属于价与柱、线的双背离。该股从 2011 年 2 月开始下跌，到 (A) 处指标线创下最深位置，之后价在下跌，指标线在上升，指标柱长时间像芝麻点一样贴在 0 轴上。到 B 处时，股价还创出一个低点，这时，价与柱、线双背离幅度已经很大了，这样的底很可靠。

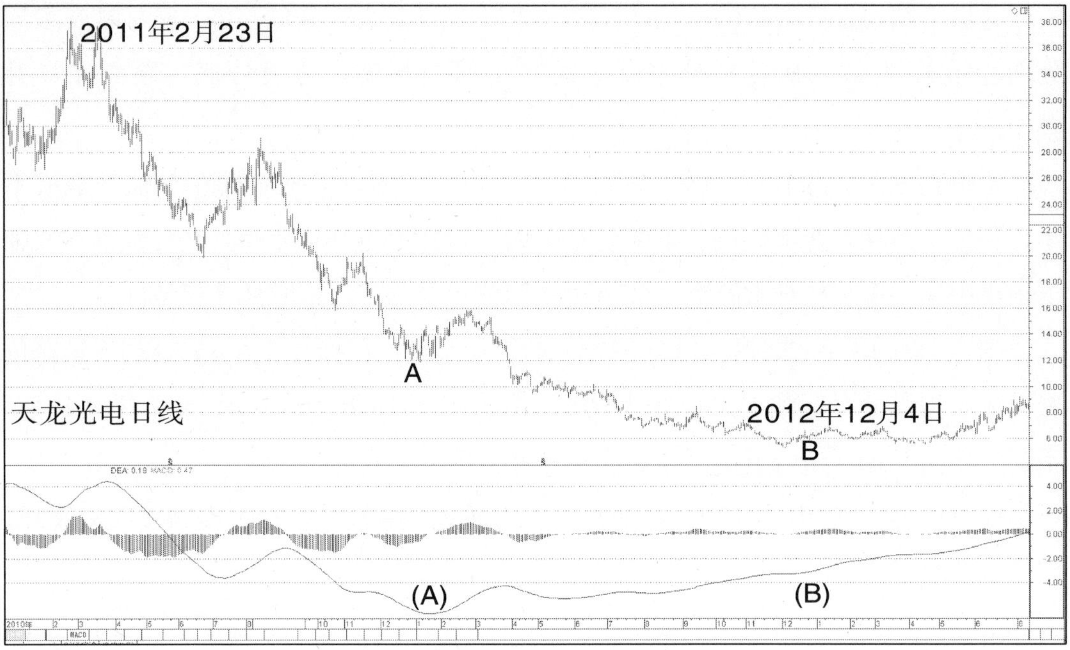

图 2—3—14

图 2—3—15 葛洲坝（600068）这段下跌以后的起涨时间虽然与上一案例不一样，但是形态一样。该股从 2011 年 2 月开始下跌，（A）处指标线创下最深位置。跌到 B 处时，价比 A 处低很多，DEA 指标线位置与（A）处差不多，属第一次背离。

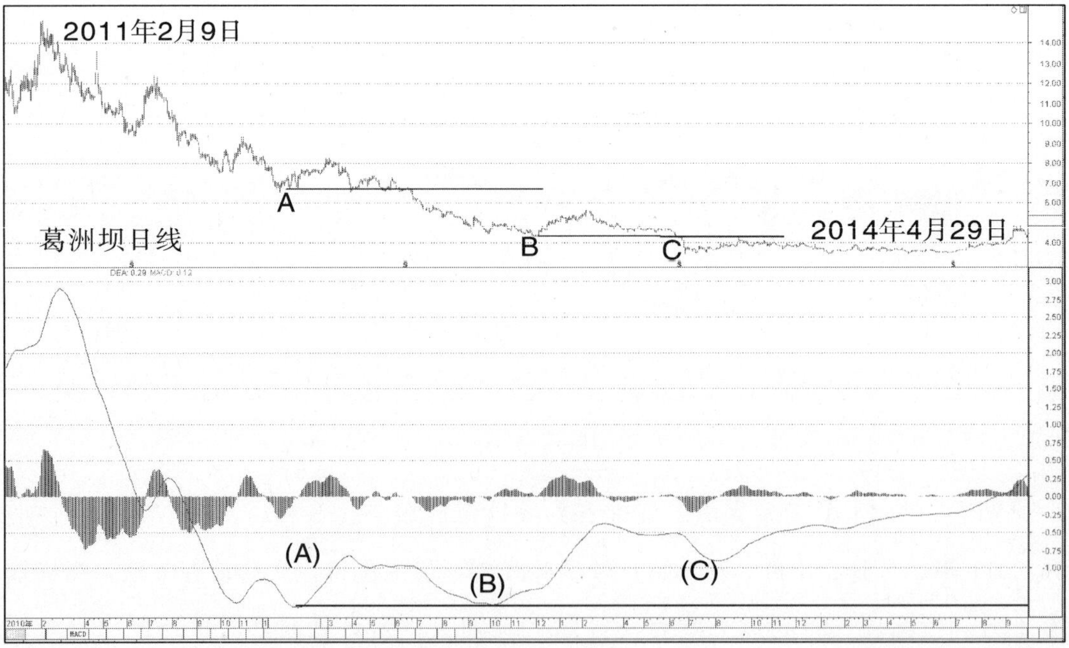

图 2—3—15

走势到C时，价比B处低，DEA指标线位置比（A）、（B）两处高，属第二次背离。之后，股价无起色，指标线却在升高，指标柱也像上一案例的天龙光电一样，长时间像芝麻点一样贴在0轴上。

这种底虽然可靠，但是抄底后要坚定信心耐心等待。走势形态一样，天龙光电2012年12月发动上攻，葛洲坝却等到2014年5月才发动攻势。

图2—3—16康盛股份（002418）指标线的低位在2012年1月，此后股价长时间平行波动，而且未创新低，没有背离形态，但是，指标柱几乎保持在0轴上，指标线一直高于A处运行。指标柱是买卖强弱的反应，指标线是资金流向的反应，这个底无疑可以确定，但并不知道股价会在哪里起涨。如果在A处之后择机进入，两年或一年时间能等待吗？此股2015年6月形成高点，涨幅近9倍。

图 2—3—16

图2—3—17永太科技（002326）这幅图中的下跌末期，是典型的价与柱、线双背离。走势到（A）处，指标线创下最深位置，到（B）是第一次背离，到（C）是第二次背离。虽然背离幅度小，但是指标线和柱已是逐步走高，抄底进入已无大碍。

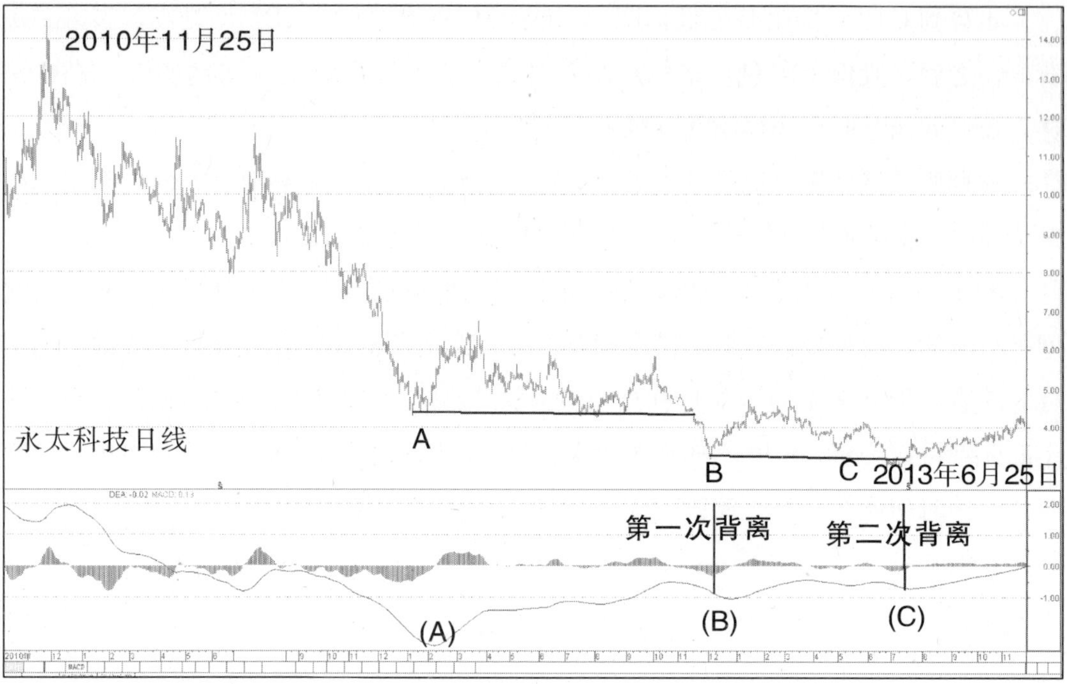

图 2—3—17

图 2—3—18 是神火股份（000933）的一段下跌图。

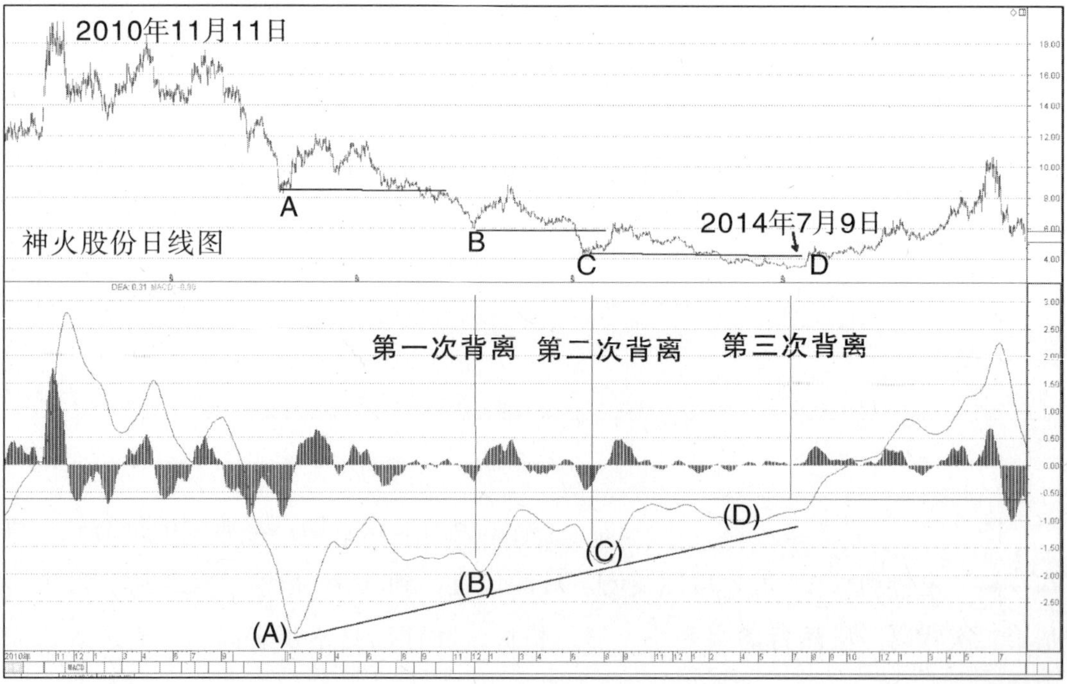

图 2—3—18

该股这段下跌，有三次背离形态。走势到（D）时，价与柱、线明显背离程度加大。图中的指标线下画有线段，从（A）处开始，价在走低，线在走高，呈喇叭形，这种形态属黑马股形态。神火股份属煤炭板块，煤炭板块是2008年之后的弱势板块之一。从2014年7月这个底，到2015年6月的顶，该股涨幅还是有3倍，但还不属黑马股的表现。究竟是不是黑马股？以观后效。

图2—3—19乐普医疗（300003）属创业板，图中这个下跌段起点的界定有分别。A处是股价最高点，此前的指标线（A）是最低点，同时在0轴下也有较大的柱群，但指标线（A）处不是下跌的第一个最深位置，标示（B）处才是下跌的第一个最深位置。如果参照坐标不正确，后来的比较就会失误。

走势到C处，价比B处低很多，指标线比（B）处略高，价与线背离。走势到D处，价比C处低，指标线比（C）处高，比（B）处更高，属第二次价与线背离。此时指标柱已紧贴0轴运行，价与柱、线双背离，这时抄底很可靠。

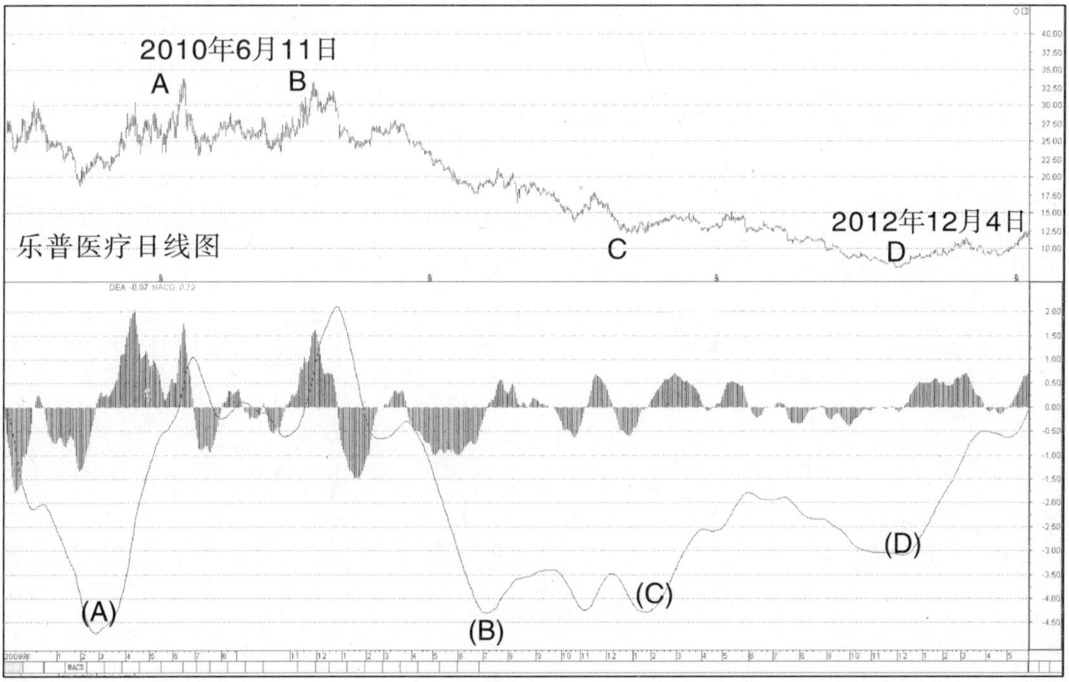

图2—3—19

同样是创业板，图2—3—20上海钢联（300226）的走势又不一样，上市以后横盘，指标线和柱都贴着0轴走，股价平行小幅波动，如休眠一样。这种形态在2006年前有一批股都是这样，后来的升幅十分惊人。上海钢联这种状态运行了两年，到（B）处时，指标柱在0轴上升，股价也开始动了，此时就是抄底大好时机。

前面的案例下跌周期较长，底部多是以价与柱、线背离形态出现，短期波动较大的股，没有背离形态，观察柱、线仍能抄底。

图 2—3—20

图 2—3—21 安科生物（300009）就是前面说的价与柱、线共同向上的案例。为了让 K 线图形大一点，便于看清细节，截图省略了下跌起点。

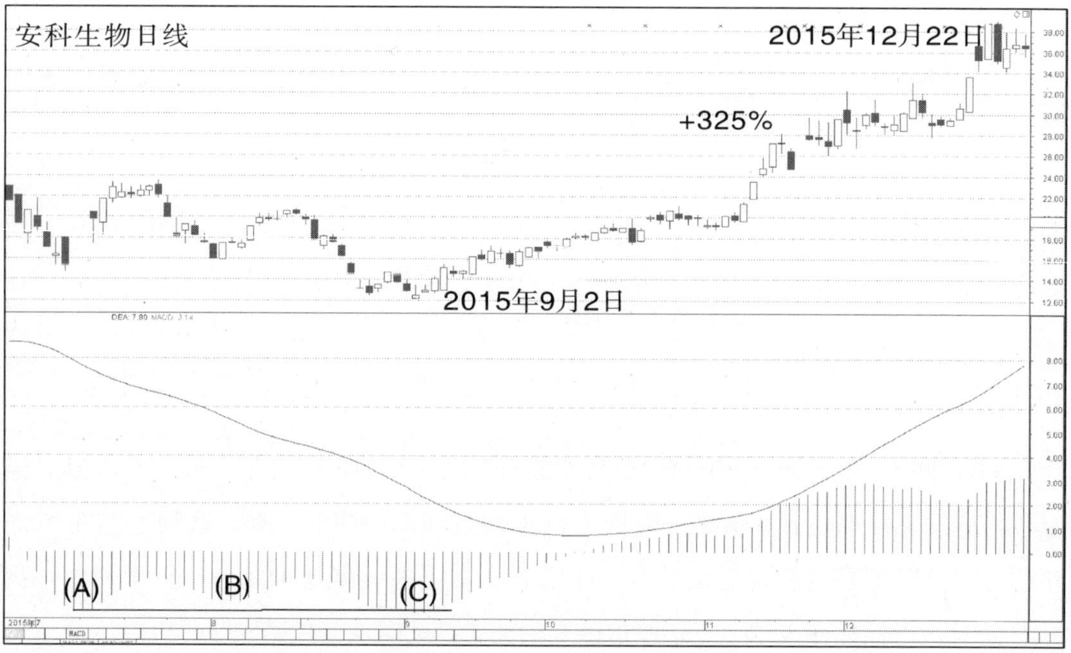

图 2—3—21

该股是从2015年6月16日的高点开始下跌，到2015年9月2日的低点，经历近3个月。图中指标柱群标示了序号，(A)处指标柱在0轴下最深处开始向上收敛，价也向上，随后指标柱未上穿0轴再次向下到(B)，价也向下，然后指标柱再次向上，仍未上穿0轴又向下到(C)，位置与(A)处平行，但价却创新低。之后指标柱从(C)处向上收敛，每一根柱上升幅度较大，价也上扬，这时可抄底跟进。前面说过，这种形态要密切关注指标柱能否上穿0轴，只有上穿0轴，随后指标线也上扬，才能保持升势。

安科生物指标柱成功上穿0轴，随后指标线也一同上扬，3个多月时间，上升幅度达325%。

图2—3—22中捷资源(002021)跟上一案例相似，2015年9月15日之后，股价不创新低，指标柱向上收敛，也是每一根柱上升幅度较大，股价也上扬，这时可抄底跟进。只要指标柱能上穿0轴，指标线随后也向上，升势就确立了。中捷资源也是3个多月时间，股价上升一倍多。

图2—3—22

股市分析有若干指标，有一些指标，包括通常使用的MACD指标都会有背离形态出现，但是不如魏氏指标规律性强，尤其是指标柱的排列，上涨下跌规整有序，将线和柱结合观察，能预判未来发展。

第 4 节 均线抄底法

关于移动平均线的话题太多了，有股市以来，人们围绕均线，似乎有若干发现和发明，甚至有专著讨论，管用吗？

我在写作证券投资书稿中，很少涉及移动平均线，但是，我认为，移动平均线的发明很伟大，观察市场的变化，移动平均线功不可没。只是人们把它复杂化了，导致信任度弱化。其实翻看市场历史图表，移动平均线简单明了可信，真正不可信的是自己的人性。

发明股市图表的移动平均线，最初设计的 5 日 10 日 20 日 30 日等移动平均线是科学的，在股市百多年的历史中以至今天仍然管用，不管用的是我们自己。为什么呢？是我们自己没有严格的操作模式和纪律，亏损源于人性弱点，是贪婪和恐惧惹的祸。

依据移动平均线观察市场，可以说不需要其他技术，需要的是既定模式和铁的纪律。如果你能战胜自己的人性弱点，观察移动平均线就够了，也不用理睬什么波段。

使用均线，我建议两种模式：周线和日线模式，但两个模式只能选一种，另一种可以参考观察，不能混用！混用的结果会导致期盼、侥幸、猜测，丧失纪律性，最终亏损。

由于移动平均线各有其用，所以对于操作，我认为要简单明了，在周 K 线图中，只需要保留 5 周线 20 周线，在日 K 线图中，也只需要保留 5 日线 20 日线，这样可以让图表显得清楚明白。

另外还有一点建议，既然我们相信移动平均线能反映市场的真实状态，那么就可以忽略其他指标，包括量能指标。量能指标虽然重要，但传递的信息太多，反而会影响判断。更重要的是，无论是电脑还是手机，在相同空间的图表信息多了，移动平均线表现的视觉印象就弱了，也会影响判断。

我特意截上证 A 股指数（000002）这段下降图作个比较，其间有若干次小波动，如果操作，很难赢利，稍不小心会亏得一塌糊涂。

图 2—4—1 是上证 A 股指数自 2009 年至 2014 年的一段周线图。图中有 6 条均线，看上去十分零乱。这还是周线图，如果用日线图更是会有许多线纠结不明就里。还有 4 个副图指标，想买进又不知从何处下手，不买进又怕股价一飞冲天丧失机遇。不少人就是在这期间犹豫纠结，进进出出亏得很惨。

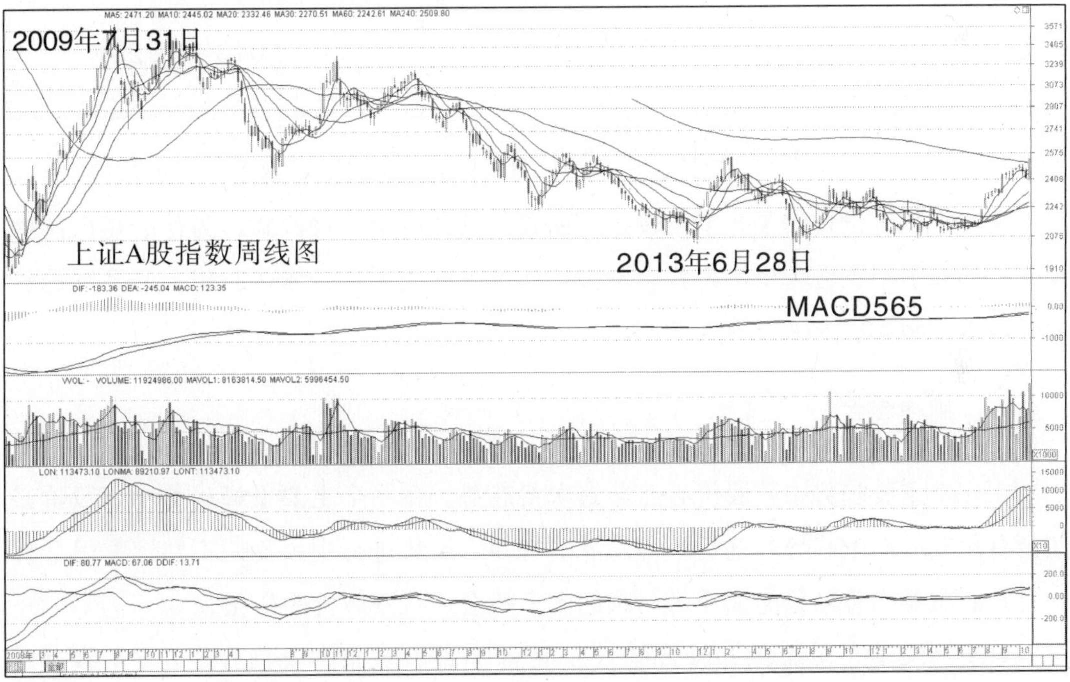

图 2—4—1

图 2—4—2 是与上图上证 A 股指数（000002）相同时段图，这幅图只有均线和 K 线，股价的上升下降给人的视觉效果鲜明多了，尤其是只有 MA5 和 MA20 两条均线，简洁明白。图中虽然是一段下降趋势，但如果依据 5 周线操作，坚守铁的纪律，仍然可以赢利。

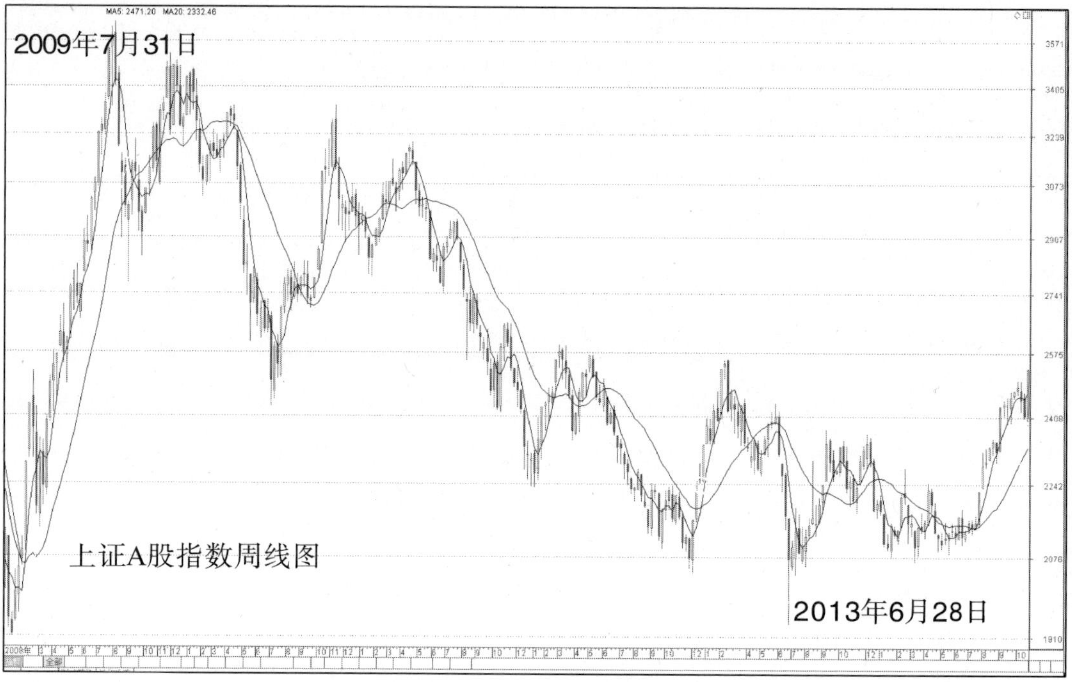

图 2—4—2

刚才把图表设置作了一个比较，下面我们具体讨论两种模式。为什么建议两种模式？如果细心翻看历史图表就会发现，无论是周线还是日线，股价上涨下跌趋势的分水岭几乎都以 MA20 线为界。

一、周线模式

在一个主要趋势中，股价必然会有次要趋势。在一个主要下降趋势中，股价必然会有次要的向上趋势，这是事物发展的规律。走势进行中，我们不知道哪里会开始上升的主要趋势，只能抓住每一次的向上机会，观察股价的变化。

对于周线模式，就是以 20 周线（以下称 20 线）观察主要趋势，以 5 周线（以下称 5 线）观察次要趋势，进出以 5 线为依据。一波下跌之后，5 线向上贴线买，5 线向下贴线卖。坚守纪律，出手果断。

我们以图 2—4—3 这段最难判断的走势为例，这幅图是图 2—4—2 一半的走势，这样可以使图形更清晰一点。图中可见，股价从 2009 年 7 月 31 日这周的高点下来，箭头 1 处的 5 周线走平，20 周线还在上升中，惯性带动会有反弹，此处买进赢利不错。箭头 2 处没有买点，5 线虽也走平向上，但是上面的 20 线已开始有弯头向下迹象，同时这里也有多根 K 线平行排列，所以此处不是买点。箭头 3 处的买点很明显，依据是20线已下降很多，5线距20线也较远，因20线的吸引作用力也会有反弹。箭头4处就可以有两种做法，先卖后买或观望。为什么呢？5线弯头向下，先出来稳妥。为什么此处又可以观望呢？因为此时5线虽弯头向下，但20线在此处走平，20线有较强支撑，即或5线下穿20线再卖出，也还不亏。箭头5处的买点也很明显，此时20线还在上升中。箭头6处就不是买点了。因为上面的20线刚刚向下，从高点下跌的趋势观察，主要下降趋势在这里已经非常明显，只能静观不动。周线呈下降趋势，一时半会是不会改变的。箭头7处是买点，股价下跌了较长一段。箭头8处这个买点很折磨人，刚刚卖了，双线又在这里走平，没有理由不进入，但是刚买进就亏了。

图2—4—3这一段走势，依据既定模式，坚守纪律，6次买1次亏损。

图2—4—3

图2—4—4是上证A股指数（000002）2009年下跌主要趋势的下半部分走势，图中箭头1处，距2009年7月下跌以后3年多，此处的买点很有信心。箭头2处的买点很诱惑人，毕竟下跌近4年了，此处的20线也在上升中，可是刚刚买进就下跌，而且是5线20线同时弯头向下，稍一犹豫就亏了，这个地方充分体现出纪律的重要性。

图 2—4—4

箭头 3 处这个买点很明显，距 20 线较远。箭头 4 处这个买点也不会犹豫，20 线走平，一般判断是回踩 20 线，结果亏了，坚守纪律，亏了也赶紧出来，因为两线向下，不知道还会跌多久跌多深。随后箭头 5 箭头 6 都不是买点，因为 20 线明显向下。

箭头 7 处的买点非常鲜明，与箭头 1、3、5 比较，有三处几乎平行的低点，而且箭头 5、6、7 这一带也是密集低点，同时，箭头 7 处的 5 线 20 线都走平，距离很近，这个底就十分鲜明，随后双线同时向上了。

这一段走势，依据既定模式，坚守纪律，5 次买入 2 次亏损。

上面讨论的是大盘指数，大盘相对个股而言，波动要小一些，因为大盘指数是个股指数的合成，反映的是整个市场的趋势。个股的流通股本小，人为的运作成分重些，在相同趋势条件下，波动也会比大盘强烈，个股的把握更难些。因此，个股的操作，观察 20 线比观察大盘 20 线更重要，但基本规律还是一样。在一段主要趋势中，个股的运行模式不尽相同，如果以既定模式和铁的纪律依据均线操作，就用不着观察个股的运行模式，讨论案例我们可以选择任意一只股，下面就选择不同板块并以代码排序的第一只股作为案例讨论。

图 2—4—5 是平安银行（000001）上市以后的第一段周线下降图，图中箭头 1

处，并不是5周线走平处，这个买点是因为股价触及20线，而20线又正在上升中。箭头2处不是买点，虽然双线在这里都走平，但是这与下跌一段之后走平不一样，从K线形态看，摆明是一段上升后的顶部，所以不是买点。

图 2—4—5

箭头3处是一段快速下降后的5线走平，上面20线刚弯头向下，这种买点要特别小心，随时准备出逃。

箭头4处让人纠结，下跌较长一段了，此时股价离20线也较远，可以是买进理由。但是，上面的20线下降角度很陡峭，如果没有连续几根大阳线，很难改变20线方向。对于稳健操作型，这里是应该观望的。

箭头5处是买点，这个买点与大盘略有不同，大盘很难出现突然发力，让双线呈锥形改变方向。这就是因为个股有人为运作成分，波动比大盘强烈。

箭头6这个买点就应该大胆买，并不是图形走出来才这样说，第一个理由是从高点以来已下跌3年，第二个理由是20线下降角度趋缓，第三个理由也是很重要的理由，就是我们在讨论数浪抄底法时说到的下跌ABC三段形态，而这就是三段式形态。

图2—4—6是平安银行（000001）上市以来的第二段周线下降图，这一段走势

漫长而复杂，运行达 8 年之久。图中箭头 1 的买点很明确，双线向上。箭头 2 这里很诱惑人，20 线走平，5 线回头向上，买进却几乎无利润。

箭头 3 这里值得信任，双线向上。箭头 4 这里买进也是几乎无利。箭头 5 这里买进小有利润。箭头 6 这里显然是机会，下跌 8 年，5 线 20 线在这里反复纠结，K 线也在这里反复纠结。我们前面讨论的上证 A 股指数在 2014 年初也是同样形态。长时间下跌之后酝酿出这种形态，其后都必有一段上升的主趋势。

图 2—4—6

图 2—4—7 是平安银行（000001）上市以来的第三段调整周线图，这段更为复杂，从波浪理论观察，此段与前两段性质不同，所以我不说第三段是下降而说调整。

图中，箭头 1 这个底容易判断。箭头 2 这个买点是因为 20 线还在上升，虽然事实上是利润微薄。箭头 3 这里买进也有理由，双线向上，但是买进基本无利润，稍犹豫就亏。箭头 4 这里也属于我们前面说的 ABC 三段式末尾，只是与前 ABC 三段式比规模要小些。

箭头 5 这里，虽然 20 线下降陡峭，但前段上升，20 线的高度与前期比较，已完全改变趋势方向，所以这里的下跌性质不同，是上升中的调整。

箭头 6 这里买进的信心就大多了，箭头 4、5、6 三个低点成梯形渐次升高，箭头 6 这里更是上升中的调整。

箭头 7 这里有些费思量，刚卖了，发现 5 线并不下穿 20 线，还回头随 20 线上升。这个时候就是考验人性的时候，买价可能高于卖价，心理抵触，犹豫就放过一段利润。另一种情况是，发现涨势迅猛，超过前高，经不住诱惑才下手买进，买进就可能套住。这就考验操作模式和铁定纪律了。

既定一种操作模式，在每一次完成操作之后，都应该对模式的正确与否，以及执行纪律的力度加以总结反省，不断克服自身的人性弱点。其实，在股市中的成败，重要的是人性而不是技术。

图 2—4—7

股票代码 6 字头排序的第一只是浦发银行，板块与上一案例同为银行板块，所以下面的案例选择以代码排序的第二只讨论。

图 2—4—8 是白云机场（600004）上市以后第一段调整走势，这是一段 3 年调整期，趋势不是下降，几乎是一段平行调整。图中箭头 1 是买点，5 线回头上升。箭头 2 这个买点不是依据 5 周线，而是股价触及正在上升的 20 线，但这个买点没有利润。

箭头3这个买点是因为股价下跌快而深，股价低点却比前低点高。箭头4这里很纠结，刚卖又买，可能买价比卖价高，但买的理由是20线平，5线在20线上回头向上，但刚买进就跌下来，好在价在20线之上，5线也没弯头。

箭头5这个买点很大胆，下跌既陡且深，距20线也远，5线回头坚决。箭头6这个买点是因为20线在上升中，这里没能获利。箭头7这里是20线下降放缓，5线回头上升。箭头8这个买点比较放心，20线向上，5线也跟随向上。

图 2—4—8

图2—4—9是白云机场（600004）上市以后第二段调整走势，从2008年初下跌到箭头1，这是一段最陡最深的走势，箭头1之前也有几处5线走平，为什么不能有买点？是因为20线下降角度太陡。为什么在箭头1处是买点？如果看整体走势，就会看到这时的股价已跌至前幅图的一段调整价位中，更重要的是，箭头1之前已有5段下跌，这个概念应该在读数浪抄底法时就明白了。

箭头2处就纠结了，刚卖又买，买价比卖价高。卖的理由是20线还在向下，5线也弯头了，买的理由是20线回头向上了。既然执行的依据是5线与20线的操作模式，就必须坚决执行，因为走势没出来之前，根本不知股价会怎么走。

箭头3这里的买点是因为20线没有弯头。箭头4这里不是买点，因为20线刚刚弯头向下。箭头5这里又有诱惑性，双线向上，前面案例也有相似处，尽管这里买进就亏，但是双线向上，上涨的概率也大。在股市操作不能确保每次赢利，只要多次证明操作模式正确，那么，像这种错误，只要严守纪律，也不会亏多少。亏多的原因是不执行纪律。

箭头6这里的买点应该放心，因为股价下跌很长一段，低点略高于前面的低点。箭头7这里是双线黏合后向上，这个买点也放心。箭头8这里的低点与前面低点相比已逐级抬高，更重要的是，这时20线也逐步走高，从形态上观察，大底部已经形成，所以，箭头8之后，尽管K线和两条均线反复缠绕纠结，但是股价并不下降了。

图2—4—9

图2—4—10是特锐德（300001）的周线图，这幅图与前案例比较，走势单纯多了。在这幅图中，20线的表现更为鲜明，基本是20线把握趋势，5线的波动幅度都很小。

图中箭头1处，20线趋于平缓。箭头2处双线粘合，而且有向上趋势，但是买进就亏了。箭头3处创下最低点，之后20线转折向上。箭头4、5处为什么是买点呢？是因为5线下穿20线之后就回头，而20线只是走平，并未弯头。箭头6处虽然上面20线有弯头迹象，但5线回头很坚决，角度很陡，最终利润翻倍。

图 2-4-10

从上述周线案例观察，只要严格执行操作模式和纪律，在调整浪中也可赢利，且赢多亏少。

另一个启示是，从不买在波段最低点，也从不卖在波段最高点。

二、日线模式

日线模式与周线模式相同，也只观察两条均线，以20日线观察趋势，以5日线为操作依据。一波下跌之后，5日线向上贴线买，5日线向下贴线卖。日线模式比周线模式小了一个K线时间级别，因而趋势稳定性比周线差一些，波动也更频繁，敏锐性也比周线更强一些，因此，对坚守纪律的要求更高一些。

我在《趋势与拐点》一书中反复强调，在股市投机，最好选择周线操作。月线大了一点，有那种耐心的人很少，日线小了一点，趋势的稳定性差一些。以2015年6月以后的急跌为例，很多股票价格被拦腰斩断甚至跌去涨幅的三分之二，许多人亏得一塌糊涂。如果依据月线操作，你看哪一只股会亏损？当然，同时也有遗憾，赚取的利润少了很多。我在《一招制胜》中讨论使用15分钟K线图操作，看起来是连细小的赢利机会都不放过，太有诱惑力了，但是我在书中仍然强调，没有修炼到炉火纯青，还是乖乖地观察周线。这个修炼的意思，不仅是技术，更重要的是人性，也就是行为习惯。

图 2—4—11 是平安银行（000001）上市以后第二段下降图中的一段日线图，对于这只股来说，这是最难操作的一段。在相同时段，日线图的 K 线是周线图的五倍，为了看得更清楚一些，我把相同时段的周线图，在日线图中分解成几段观察。

图 2—4—11

图中箭头 1 处，走势从高处已下降一段，当这里确定 5 日线向上时，股价已跳高，但 20 线并未跟随，还在向下倾斜，显然不是买点。

箭头 2 处，20 线已走平，5 日线向上，正好能贴线买。几日之后，5 日线弯头向下，贴线卖也没机会，果断出局还不至于亏损。

箭头 3 处，一根阳线让 5 日线向上，贴线买进也有机会，这一段小有利润。

从箭头 4 处观察，此前一段调整还算温和，20 线下降角度放缓，这时 5 日线向上，贴线买进有机会，随后是一小波上升。

这一段 3 次机会，二胜一平。

平安银行图 2—4—12 这一段走势，运行时间半年，有多次机会诱惑你操作。

图 2—4—12

图中箭头 1 处，是在一波陡峭下跌之后，20 线还在向下，但连续两根大阳线让 5 日线勾头向上，这时贴线买有机会，由于 20 线下降角度很陡，下冲惯性尚未减弱，走势随后乏力，5 日线弯头向下，坚守纪律出局不至于亏损。

箭头 2 处，由于日线剧烈波动，已使 20 线走平，一根长上影 K 线让 5 日线勾头向上，这时又创造了贴线买的机会，随后大阳线使 5 日线上穿 20 线。

箭头 3 处有些两难，5 日线弯头，留守还是出局？一种是出局，另一种是观察，因为 20 线在上升中。我们前面说，20 线是趋势方向，如果 5 日线下穿 20 线出局时还不亏。

箭头 4 处不能视为买点，尽管双线在这里纠缠，关键是 5 日线向上无力，20 线也没有上升迹象。

箭头 5 这里，走势已下降较长一段，价位也创下新低，一根大阳线改变了 5 日线方向，贴线买也有机会，如果在高位卖也有利润，知道股价会怎么发展吗？依照既定模式，5 日线弯头向下卖出，平局。

箭头 6 这里再次买进，也有贴线买的机会，很快 5 日线又回头，又几乎是平局。

箭头 7 这里又得买进，因为这时 20 线已抬高，双线纠缠，但是刚买进 5 日线又回头。

这一带频繁操作，虽不能赢利，但又不得不操作，因为20线在这里逐步走高，股价震荡是下跌的前奏还是上升的前奏，我们不知道。当箭头8箭头9的走势完成后，才发现没必要操作，但走势进行中能够知道吗？

这一段实际机会7次，二胜五平。

图2—4—13平安银行这一段比上一段操作容易些。

图2—4—13

图中箭头1处，K线逐步向上，贴线买也容易找到点。箭头2这里刚卖又买，从两线形态和操作纪律上说并不多余。

箭头3这里买进后，很快在箭头4这里遭遇5日线弯头向下，但已没必要出局了，因为下方是正在上升的20线。但随后出现的变局让这次操作平局。

箭头5这里买进后，在箭头6处又是与箭头3买进的遭遇一样，但这次有利可图。

箭头7之前同样有5日线向上形态，为什么在箭头7处才是买点？因为之前的20线下降太陡峭。

这一段实际操作点只有4个，二胜二平。

图 2—4—14 平安银行这一段下跌较大，图中箭头 1 处，是一段上升后刚刚开始的下跌，既然是 20 线刚刚开始向下，趋势形成后一般是不容易很快改变的，尽管过后看上去有小利，当时还是不应视为买点。

走势从高处下来，到箭头 2 处已下跌较长一段，20 线也走平，这个点买进小有利润。

箭头 3 之前有一个上升动作，一根大阳 K 线让 5 日线勾头向上，但此时 20 线陡峭向下势头并没改变，因此这里不是买点。箭头 3 这里双线向上，有贴线买进机会。

箭头 4 这里 20 线已抬高，也有贴线买进机会。

箭头 5 这里买进的胆子应该大一些，因为股价经过三段式大跌之后，这里虽然还在上蹿下跳，但 20 线已不再下降，这里稍一犹豫，就会放过一次机会。

这一段 4 次机会，四胜。

图 2—4—14

图 2—4—15 平安银行这段走势形成后，看上去很容易操作，其实在走势进行中很难，因为无法知道后续发展。

度陡，这种情况可以留待观察。

箭头 8 处买进后，很快出现单日急跌，但是无碍，5 日线已上穿 20 线。

箭头 9 处也是急跌，但 20 线正在向上，5 日线没下穿 20 线又回头向上。

图中这一段有一年时间，频繁操作 9 次，一亏一平七胜。

图 2—4—20 白云机场这段下降迅速，箭头 1 之前曾出现 5 日线上升形态，为什么没有买点呢？因为 20 线下降太陡峭，这种情况多数时候只是有小反弹，减缓 20 线下降速度，因而必须等待股价回调再参与。

图 2—4—20

箭头 1 处就是回调后的买点，获小利。

箭头 2 处有贴线买进机会，这段利润不错。

箭头 3 处买进就亏。箭头 4 处买进利润也还不错。

箭头 5 处买进只能算作平局。箭头 6 处买进小利。

箭头 7 处买进也是小利。箭头 8 处买进后亏损。

这些点操作频繁是因为 20 线走平或缓慢向上，后势不明朗。

这一段 8 个买点，一平二亏五胜。

图 2—4—21 白云机场这一段下跌也陡峭，而且次要向上趋势也弱。图中箭头 1

处贴线买获小利。箭头 2、3 处虽 20 线走平，但买进就亏。多数时候，这种形态的亏损很无奈，因为不知股价随后的走势，不参与怕股价起飞跟不上，参与又亏。这种时候，既定模式和纪律就是强有力的保护。坚守纪律即使亏也只是小亏。

图 2—4—21

箭头 4 处是绝佳机会，5 日线向上，回调落点又正好在 20 线上。

这一段 4 次机会，二亏二胜。

图 2—4—22 白云机场这一段的操作相对容易些，自 2012 年 5 月下跌以来，有几次 5 日线向上的形态，但刚一形成又向下了，没有参与机会。

图中箭头 1 处，股价已比前一低点抬高了，而且价位有几日在此滞留，5 日线也有向上迹象，贴线买进，平局。

箭头 2 处，20 线走平，买进获小利。

箭头 3 处，20 线已向上，贴线买进有利可图。

箭头 4 处，低点呈梯级抬高，这种形态不能放过，但贴线买进后，遭遇 20 线向下，平局。

箭头 5 处再次买进，利润不错。

这一段 5 次机会，四胜一平。

图 2—4—22

图 2—4—23 白云机场这段下降形态简单，三段式。图中箭头 1、2 两处都是微利，箭头 3、4 两处毕竟是下跌几年之后的低点，从策略上说也应积极参与，这一段算是 4 次机会全胜。

图 2—4—23

图 2—4—24 显示白云机场这段走势是经过几年下跌创出低点之后。这段图的价位已比低点高，操作频繁是因为随时都可能展开主升浪，因此每一次机会都很重要。

这一段共标示 6 次，箭头 2 没有买点，因为一根高开大阳线才使 5 日线向上，随后却又弯头向下。箭头 3 处发现 5 日线向上时，已没有贴线买机会，这种时候可以冒进一点，高买也买，尽管从图上看，也许与贴线买的价格差不多。箭头 4 处发现 5 日线向上时，却又马上又弯头向下，股价落点在 20 线上，极好的机会。箭头 6 之后，两线纠缠，还出现低点，从策略上说，下跌 5 年之后，低点早已出现，而且这时箭头 4、5、6 三处低点呈梯形，已不宜卖出了，谨防错过主升段，追涨就被动了。

从这一段的 5 次买点观察，两亏三胜。箭头 6 之后小亏，其后大胜。

图 2—4—24

图 2—4—25 是特锐德（300001）2009 年以后的下降图。图中箭头 1 和 2 这两个买点赢利很顺。箭头 3 处买进就亏。箭头 4 处买进以后，遭遇急跌，平局。箭头 5 之前虽然 5 日线向上，但 20 线下降太陡，所以买点在箭头 5 处，5 日线上穿 20 线才是买点。箭头 6 处又是 5 日线上穿 20 线。

图 2—4—25

这一段，6 买 4 胜 1 亏 1 平。

图 2—4—26 是继特锐德前例之后的一段下跌走势。

图 2—4—26

图中箭头 1 买进赢利很顺。箭头 2 处是因为 20 线正在上升，买进是平局。箭头 3 处只有高买，因为 5 日线上升陡，且上穿 20 线。箭头 4 贴线买进，平局。箭头 5 处贴线买进，微利。箭头 6 处双线向上，买进有利可图。

这一段，6 买 2 平 4 胜。

图 2—4— 27 是特锐德的调整末段截图，这段操作难度大些，标示 6 个箭头只有 5 次买点，其中 3、4 之间标示的箭头没有操作性，因为当发现 5 日线向上时，却马上又弯头向下。从 5 次买点观察，箭头 1 和 3 处小利，箭头 2 和 4 处平局，箭头 5 赢利不错。

图 2—4—27

本节案例是同一只股在相同时段，依据周线模式和日线模式进行对比。从中可发现，依据周线模式，操作频率低，失误率少，依据日线模式，操作频率高，失误率也多些。两种模式总体评价，赚多亏少，最重要的是，不会放过主升段，造成被动追涨。

这种操作最关键的是，必须坚守纪律，不惧不贪，一切按既定模式执行。

第5节 数浪抄底法

数浪，是指用波浪理论的方法，对K线走势作波浪位置判断，预知股价未来的发展。

在证券投资理论中，被公认的有三大理论：道氏理论，江恩理论，波浪理论。道氏理论是在经验基础上形成的理论，江恩理论是运用数学模型建立的理论，波浪理论是艾略特在自然规律启发下形成的理论。辨别大小波段与顶底级别，波浪理论更为适用。

一、波浪理论的基本概念

波浪理论认为，事物发展都是呈波浪形态，由小到大，由大到小，反复循环。这一现象在价格K线图中表现十分鲜明。

图2—5—1是一幅根据波浪理论描述的波浪图，在股票价格的实际运行过程中，走势形态并不完全是这样，图中描述的只是一种普遍规律形态。

对图2—5—1这幅图需要作一点说明，因为不是每个普通散户都明白这幅图的意思。

这是波浪理论描述的波浪运动的基本形态。图中从左边起点开始，分别由3个上升推动小浪①、③、⑤，2个调整小浪②、④组成（1）浪，再由a、b、c三波组成调整（2）浪，8段完成一次潮起潮落的循环。上升推动浪3次，调整浪2次，叠加上升为一个大一级的1浪，构成一个上升推动浪的完整形态，图中，在浪的顶部标有（5）和1。然后，从顶部开始为调整浪，分别由（A）、(B)、(C) 三段构成调整浪，图右边最低处，标有 2，完成一次大一级的潮起潮落循环。如此不断向更大级别波浪循环。这好比若干小溪形成河流，若干河流汇进大海，也是由小到大，层层递进。这种形态不仅表现在股市，人类的文明进程也是如此循环。

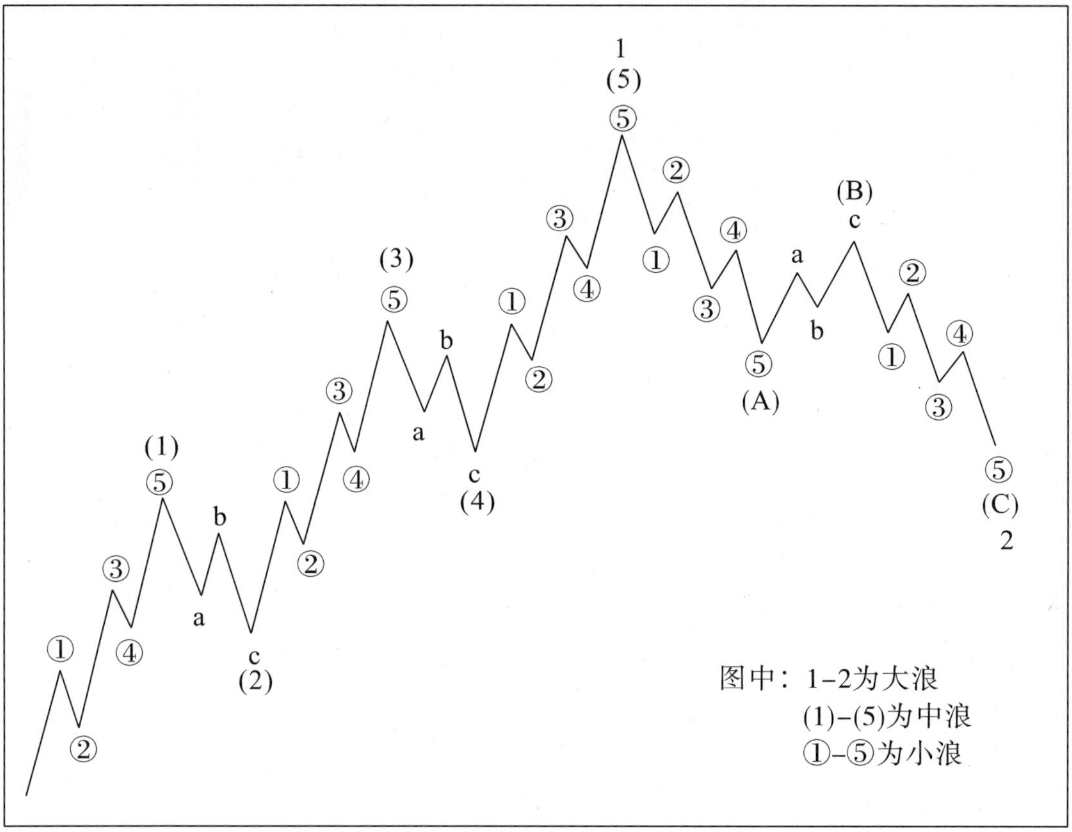

图 2—5—1

根据波浪理论的描述，浪形发展的波段大小就是浪级的大小，相应的也是顶底的大小。比如从起点到 1，大浪级就只有一底一顶，中浪级就有 3 底 3 顶，小浪级就有 11 个顶底。

我们以深证成指的月线图为例，在图 2—5—2 中，深证成指从 1991 年 4 月开市至 2016 年 3 月，在这 25 年间，有 3 次相同级别的顶底，具有可操作性、级别不同的顶底就有 7 个。

图 2—5—3 是深证成指的一段下跌日线图，时间周期与图 2—5—2 中的 2007 年 10 月至 2008 年 10 月这段下跌时段相同。在这一年的时间周期段，如果只看图 2—5—2月线图，这段走势纯粹是直线下跌，也就是说，2007 年 10 月是顶，2008 年 10 月是底。

图 2—5—2

图 2—5—3

图 2—5—3 这段日线图的波动形态非常鲜明，是下跌推动 5 浪。更小的细节是，在下跌推动 5 浪的第五段中，还包括了更小的五段。从划分的更小浪级看，

1、3、5是更小的底，2、4 是更小的顶。

这段走势也说明，大小不同周期 K 线图各有其用，大周期可观察趋势，小周期可观察趋势的形成过程，不然怎么会知道 2008 年 10 月是底?

波浪理论虽然是真理，但是在实际运用中比较难掌握，不过，如果针对某一段也就相对简单了，比如刚才讨论的图 2—5—3 这一段，我们先不管它在历史中处于什么浪级位置，只看这一段形成了下跌 5 浪结构，我们就知道它到底了。

图 2—5—4 实达集团（600734）这段下跌形态具有一定代表性，该股的调整是从 1997 年 5 月开始，A 段运行了 a、b、c 三小段，B 段是上升，也运行了反向的 a、b、c 三小段，形态很对称。从 B 开始到 C，运行了五个小段，形态有了变化性，但本图中下跌的大形态仍然是 A、B、C 三段。

图 2—5—4

波浪理论既简单又复杂，这种简要介绍只是皮毛，因为市场运动变化无穷，还因为中国股市历史短，多数股的波浪形态还比较模糊。如果针对某一段，相应就简单了许多，用这种方法抄底也不是很难。

二、数浪抄底法

图 2—5—5 是华英农业（002321）的一段日线图，我们不考察它在历史图表中

居于什么位置，单看图中这一段。该股从 2010 年 12 月下跌以后，有清晰 5 段，用通道界定也可以证明这个判断，当下跌 5 浪之后我们就知道股价必然会上升，能走多远我们不知道，但我们知道上升的必然性。如果在标示 5 处抓在底部低点，仅第一段利润也很可观。

图 2—5—5

图 2—5—6 是滨江集团（002244）的一段日线图，该股自 2009 年 7 月至 2014 年 6 月，5 年时间运行出 5 段式下降，用波浪通道法，将 2、4 浪连线，下轨以 3 浪为界，形成通道观察。该股 2014 年 6 月 25 日创下最低点，但没有触及通道下轨，由于此时的大盘已全面企稳，那么这个低点可以确认。

图 2—5—7 宇顺电子（002289）这个浪形特殊，为什么不是 ABC 下跌而是 5 浪下跌呢？因为从形态上观察，2010 年 12 月这个高点与之前的高点不是一个连续上升浪，这个下跌中的次要上升趋势 2 浪比下跌起点还高，这种情况很少，但存在，用通道方法也证明这个划分正确，以 2、4 连线，下轨以 1 为界，5 浪落点略过下轨。抓住这个低点，后来的升幅很可观。

图 2—5—6

图 2—5—7

图 2—5—8 中通富微电（002156）这个 5 浪下跌容易判断，将 2、4 浪连线，下轨以 3 浪为界，后来的 5 浪没触及下轨，多数规范 5 浪都是这样结束。

图 2—5—8

这幅图有个疑问，标示 5 之前有个止跌点，走势还触及上轨，为何此处不判结束？这是走出来之后的判断，谁都会。但请注意观察，浪 1 的图形怎么走的，浪 1 用了多少时间？如果将标示 5 之前那个止跌点作为 5 浪结束点，图形不对称，运行也时间不够，这涉及对称理论和周期理论，在此不细说。

图 2—5—9 冠福股份（002102）这个 5 浪下跌也很清晰。

图 2—5—9

图中的上轨以 2、4 浪高点连线，下轨以 3 浪低点为界，走势突破通道后，还走了一个下跌动作。这种 5 浪下跌呈很清晰的形态，对此，要相信这种走势必有反向运动。

图 2—5—10 东方日升（300118）这个推动下跌 5 浪，形态和时间与前一案例差不多，不同的是，股价抵近下轨结束后，迅速开始上行。

图 2—5—10

图 2—5—11 宋都股份（600077）这个 5 浪下跌的前半段复杂些，而且这一段下跌也很漫长，耗时 6 年。下跌 1 浪走出细碎的小 5 浪，这种浪很蒙蔽人，在下跌 1 浪处，前面有 5 段，容易使人以为调整结束，如果进入，到了浪 2 位置，以为股价还会升，谁知掉头向下，稍一犹豫就亏了。

其实这个下跌 1 浪虽然有 5 波，但如果用通道或直尺一界定，便会发现很不规范，并没止跌。

这个案例与上一案例比较，上一案例 5 浪最长，这一案例 1 浪最长，这就是浪的形态变化无常。

图 2—5—11

有位股市高人说，顶底不连九段波。图 2—5—12 伟星新材（002372）这段调整就有 9 段波。

图 2—5—12

这种形态很特殊，股价不是按5浪下跌，前面讨论的案例，波段不是等长，而这个案例各段近似等长，所用周期和涨跌幅度也大体相似，这种特殊浪形多为7段或9段结束。

调整浪一般有三种模式，一是前面说的5浪推动下跌，另一种是A、B、C三波下跌，还有一种是横向调整。图2—5—13是特变电工（600089）的一段日线图，这就是该股的A、B、C三波下跌。该股从2009年12月开始下跌，A段跌幅较浅，B段也上升不高，随后开始C段，这一段跌幅深，用时长。

C段图形看似简单，实际走势也很复杂，其中包含a、b、c小三段，细看a段和c段，各又有5段微浪形态。跌势在C处结束时，微弱反弹再跌，几乎与前低平，2012年12月4日才随大盘向上。

这个现象也很有趣，该股本来在C处结束了一种运行模式，然而大盘继续下跌，该股受其牵引再下，最终等待2012年12月4日与大盘同时启动。

图2—5—13

图2—5—14振华重工（600320）这个调整也是A、B、C三波下跌。从2007年10月开始下跌后，第一波也就是A浪，下跌很深，随后一波上扬，也就是B浪，升幅也很可观，然后开始C浪下跌。波浪理论描述，2、4浪有交替现象，3浪下跌

都很凌厉。其实波浪之间都有交替现象。

图 2—5—14

振华重工的 A 浪调整很凌厉，C 浪就放缓了节奏。C 浪下跌这一段又包含了 a、b、c 小三段。A 浪用时短，C 浪用时长。

图 2—5—15 华联综超（600361）这段调整也是 A、B、C 三段式。

图 2—5—15

该股的A段调整很深，空间一步到位，B浪反弹升幅也很可观。C浪下降缓慢，呈锯齿形。虽然下跌低点仅与A浪平，时间却是A浪的3倍还多。

图2—5—16万年青（000789）这段调整也是A、B、C三段式，这个调整就复杂些，A浪先是一段急跌，然后缓慢下跌。前面案例抓住A浪底很难，这个案例就容易，该股A浪后期缓慢下跌那一段，低点成坡度，可以用一把直尺为界，当股价离开时就是A浪底，那么，B浪升幅就可抓住。该股C浪的结束点也在这条线上。

图2—5—16

图2—5—17新安股份（600596）这段调整就显得复杂了，但实质也是A、B、C三段式，只是运行过程难以判断，只有股价运行结束时才发现仍是A、B、C三段式。

其中，A段和B段容易判断，C段走势就特别了，从线1位置开始下跌，走出5段细浪，随后一段反弹。从线2位置开始下跌，又走出5段细浪，最终结束C浪。完成后看出，C浪这一段，实际上也是a、b、c三段。

图 2—5—17

图 2—5—18 攀钢钒钛（000629）这段调整也很怪异，股价从 2007 年 11 月开始下降，到 A 处很浅，继后横盘，然后来一个上冲，高度与前持平。这种走势，运行中不知是在运行什么浪。

图 2—5—18

市场的变化就是这么难以捉摸，因此有千人千浪之说。

攀钢钒钛从 2011 年 4 月又开始下跌，这一次就很凌厉，算得上飞流直下，直到 2014 年 3 月止跌企稳，才知道仍然是 A、B、C 三段式调整。

C 浪这一段，又是 a、b、c 三段式，如果细看，其中 a 段又包含三段微浪，c 段又包含 5 段微浪。

前面说，同一股票群，各只个股的上涨下跌模式差不多，只是过程中的运行状态不同。攀钢钒钛最终还是一样的下跌模式。

图 2—5—19 万邦达（300055）的 5 段下跌周期很短，从开始到结束只经历了 5 个月。一段浪形运行时间的长短，与波浪级别有关，像这种运行几个月的波浪，后来的发展周期也不会很长。

图 2—5—19

图 2—5—20 荣之联（002642）这段调整周期也很短，总共不足 3 个月。这是一段 a、b、c 三段式运行，同是三段式模式，与前面案例比较，此段小了一个浪级，后来的发展周期也不会很长，但是并不等于空间小。后来看到，该股的上升空间还是达到 1 倍。

图 2—5—20

图 2—5—21 国光股份（002749）这段调整，虽然在同时期同是 a、b、c 三段式，却在 c 段又包含一个更小级别的三段。这只股的调整周期也是 3 个月，观察该股后来的发展，反弹的周期与其他股差不多，也是 3 个月，但是升幅却很高，接近 3 倍。

图 2—5—21

图 2—5—22 金雷风电（300443）是只新股，也经历一段三段式的短期调整，为了更清晰地反映这个过程，案例使用 15 分钟线截图。

图 2—5—22

图中，股价的 a 段包含了更小的三段，c 段又是一个更小的 5 段式。这波调整用时 67 个交易日。后来这只股的上升用时 57 个交易日，但股价升幅达 3 倍多。

图 2—5—23 中视传媒（600088）这幅图中的调整日期是 2008 年 1 月至 2008 年 11 月，用时 10 个月。

从图中看出，2008 年 1 月之前还有两个平行高点，那么这个下跌起点究竟依据什么？如果从中间那个高点算起，浪形就不能像现在这样划分。这就是波浪划分的不确定性，导致无法数浪，因此有千人千浪之说。但如果只针对某一段，问题就迎刃而解。

自 2008 年 1 月至 2008 年 11 月这一段，浪形很清晰，A 段是 5 小波下跌，C 段是 3 小波下跌。很多时候，这种运行模式，A、C 段的走势都会交替出现。

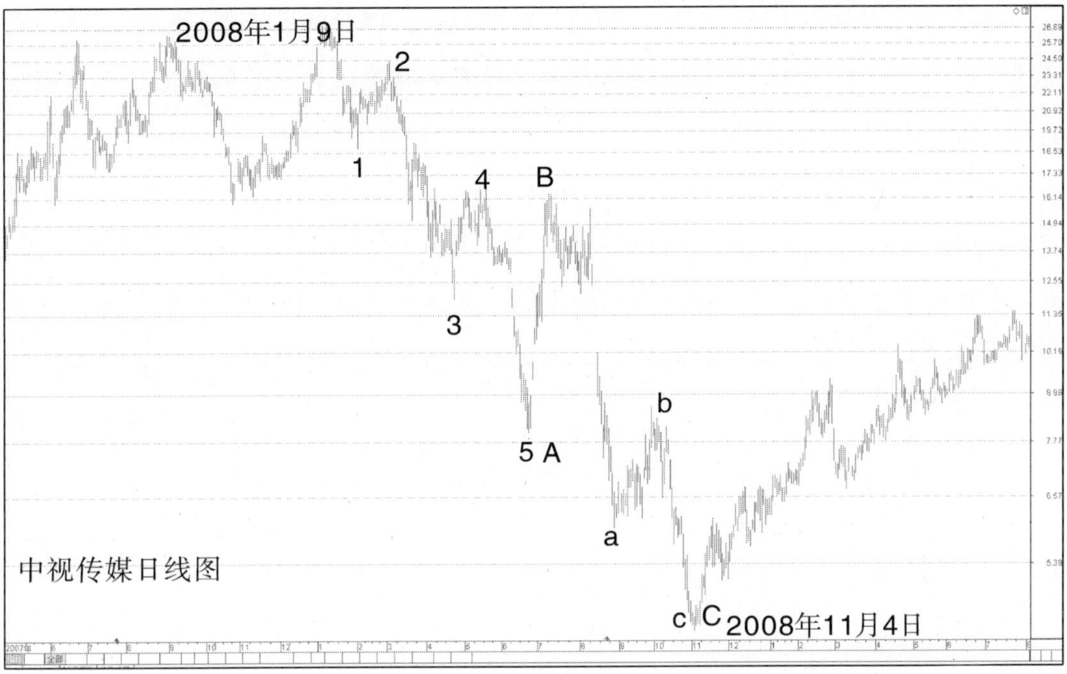

图 2—5—23

前面说调整形态不外乎三种，不管怎么变化，大体就是三种形态，三段式或五段式，另一种是平行。图 2—5—24 华侨城 A（000069）就属于平行运动。

图 2—5—24

该股的A段陡直下跌，C段初期也是陡直下跌，即后就属于平行运动，这一段长达4年。价位平行波动，始终比A处高，这种底很磨人，最好的办法是观察周线的魏氏指标，等待出现背离。

图2—5—25金叶珠宝（000587）也是一种平行运动，一波上升后，只是浅度向下，然后平行波动，股市中称为箱体波动，时间长达3年多。如果要把握短线，每一次临近下轨就是机会。这种形态的走势，多数在突破箱体时不给机会。

图2—5—25

图2—5—26新日恒力（600165）这种形态，看似波动大，实质仍属平行运动。我们前面讨论通道时，说此形态近似于三角形通道。图中可见，该股的一波快速下跌很深，完成A段，又一个快速上升，完成B段。此股跟前面案例运行C段不同，C段也包含有a、b、c三小段，不同的是股价不是始终向下，而是向上运动，与A处比，低点不断抬高。这种抄底，依据的是图中K线最低点和次低点连线形成的支撑线。

图2—5—27禾嘉股份（600093）这段调整也近似三角形，从高点下跌到A处，波形不太完整，但止跌了，且随后向上走出B段，而C段又包含a、b、c三段，价位象征性比A处低，然后就企稳向上。

图 2—5—26

图 2—5—27

图 2—5—28 城市传媒（600229）这段调整也很复杂，A 段下跌很深，形态看似 5 波，但中间那段长度不像第 3 浪，A 段止跌后的上升波动也大。B 段之后的 C 段波动就更大了，但是这段的价位始终比 A 处高，图中画有一条平行线，股价每次

临近平行线就止跌向上，这是一个明显底部信号。

图 2-5-28

通过这一节讨论数浪抄底法，你会发现，走势规范的浪形容易识别，5 段走势更容易捕捉，最难把握的是平行运动，可以知道底在哪里，却不知道会在哪里启动。四川有一句俗话，“吃桃子捡烂的捏。”从策略上说，应该选走势容易判断的股票操作。

第3章 逃顶五法

任何事物之间、事物内部的诸要素之间，都是互相依存、互相作用、互相联系，这些联系构成和推动事物的变化与发展，哲学上称之为：对立统一规律。

我们说，事物运行虽然千变万化，但也有一定之规，在股市中尤其如此。一个股票群，同一调整时期，个股的运行模式不尽相同，相应的，同一上升时期，个股的运行模式也不尽相同。

在讨论抄底时，我介绍了五种判断方法。这五种判断方法不是我的臆想，纵观美国股市百多年历史，中国股市二十多年历史，大盘和个股的运行规律不出其右。

股市向下运动，判断的方法基本上是这五种模式，那么，判断股市向上运动的方法也不外乎是这五种模式。这些方法可以判断波段底部，同样也适用于判断波段顶部。

圣经说：已有的事后必再有，已行的事后必再行。日光之下并无新事。

第 1 节 通道逃顶法

在通道抄底法一节中，我们对通道的几种模式和建立通道的方法进行了具体讨论。这一节反其道而行之，用通道方法讨论逃顶。其实，上升通道的模式和建立通道的方法与下降行情一样，只是方向不同而已。

一、上升通道的模式

上升通道也分道氏理论通道、波浪理论通道、音叉通道和三角形通道，等等。图 3—1—1 就是道氏理论通道。

图 3—1—1

京新药业（002020）在20年的运行中，有A、B、C三段上升，三段上升似乎都看不出清晰的浪形，这种情况运用道氏理论通道观察就成为最好的方法。尤其是2015年6月12日之后，大盘开始下行，至截图的2016年1月，大盘已下跌很多，而京新药业却在2015年12月23日才是最高点。这就呈现出道氏理论通道的特点，只要股价在通道中运行，趋势就没变。

图3—1—2是波浪理论通道，该通道与道氏理论通道有明显的差别。该股上升最初那段并不在通道内，所以通道的建立不是以高低点触线的多少，而是以浪画线，下轨以2、4浪连线，上轨以3浪顶为界，这就是波浪理论通道的显著特点。

图3—1—2

康得新（002450）的这段上升推动浪，浪形清晰，通道下轨是2、4浪连线，上轨以3浪为界，画出通道就能预测5浪顶部的目标位。

波浪通道在下跌浪中，多以最早出现的1、3浪连线为下轨，上轨以4浪为界，而在上升浪中，不同的是，多以最早出现的2、4浪连线为下轨，以3浪为界建立通道上轨。

还有一点与下跌浪不同，多数上升浪的第5浪会抵触上轨。

图3—1—3是海兰信（300065）的一个上升浪的音叉通道。上升浪的音叉通道模式与下跌浪相同，多数情况下，完整上升段的三分之一在一个通道，三分之二在

另一个通道。一般而言，三分之一部分要么在上升初期，要么在上升末期。尽管市场变化多端，也会出现畸形的模式，但大多可用音叉通道方法加以观察。

图 3—1—3

海兰信（300065）从 2012 年 12 月开始上涨，上升到 2015 年 6 月 25 日，这一段是在一个道氏通道内运行。2015 年 6 月以后，大盘已开始凌厉下跌，海兰信也转身向下，止跌点正好与通道宽度相等，此时用音叉通道观察，不破下轨上升趋势就没变。

图 3—1—4 是一个上升三角形通道。上升趋势出现的三角形走势，不会有下降趋势中出现的倒三角形态。上升三角形态的出现，多数情况是前面两段上升偏弱，最后一段上升陡峭的原因所形成，本质上是 5 浪上升，但又无法用其他通道界定。

IT 指数（399239）是多只股票合成的指数。图 3—1—4 中的一段上升形态就是一个三角形走势，难以用其他通道方法界定。

三角形通道与道氏通道有相同特点，无法预判价格会走到哪里，故而认为，只要价格还在通道内运行，趋势就没变。

图 3—1—4

二、通道逃顶法

通道是判断市场价格走势最简单，也是最有效的方法之一，无论上涨与下跌，通道的原理都一样。

图 3—1—5 是轴研科技（002046）较长时间的日线图。

图 3—1—5

图中是一个较大的通道，该股自上市到2015年，10年间运行5段，其中三段上升，两段下降，形态似5浪，如果用波浪理论观察，该股不符合波浪理论数浪原则。走势运行到图中标示的D处一带，有三个相邻低点呈坡度上升，止跌迹象明显。此时已有A、B两个高点，我们用通道方法，将A、B连线为上轨，以D处一带为下轨，就可画出通道，只要不破下轨，通道就有效。2015年6月的高点触及上轨，一旦回头，就可确认上升趋势结束，这种顶很容易判断。

图3—1—6惠泉啤酒（600573）这幅图也是较长时间的日线图，也与上一案例基本相似。不同的是，该股上市早两年，上市之后就下跌一段，所以比轴研科技多出一个高点，如果以A、B点连线为上轨，下轨以C点为界可形成通道，后来在D处和F处都触及上轨。建立这个通道，就可以有两次非常精准的逃顶。

图3—1—6

图3—1—7万家文化（600576）也是一幅较长时间的日线图，走势也与上一案例的惠泉啤酒相似，也有4个高点，不同的是，该股的通道是以A、B连线为下轨，上轨以C为界形成通道。后来又是D处和E处两个点触及上轨，画出这个通道也可以抓住两次逃顶机会。

图 3—1—7

图 3—1—8 承德露露（000848）是一个大通道套小通道的案例。

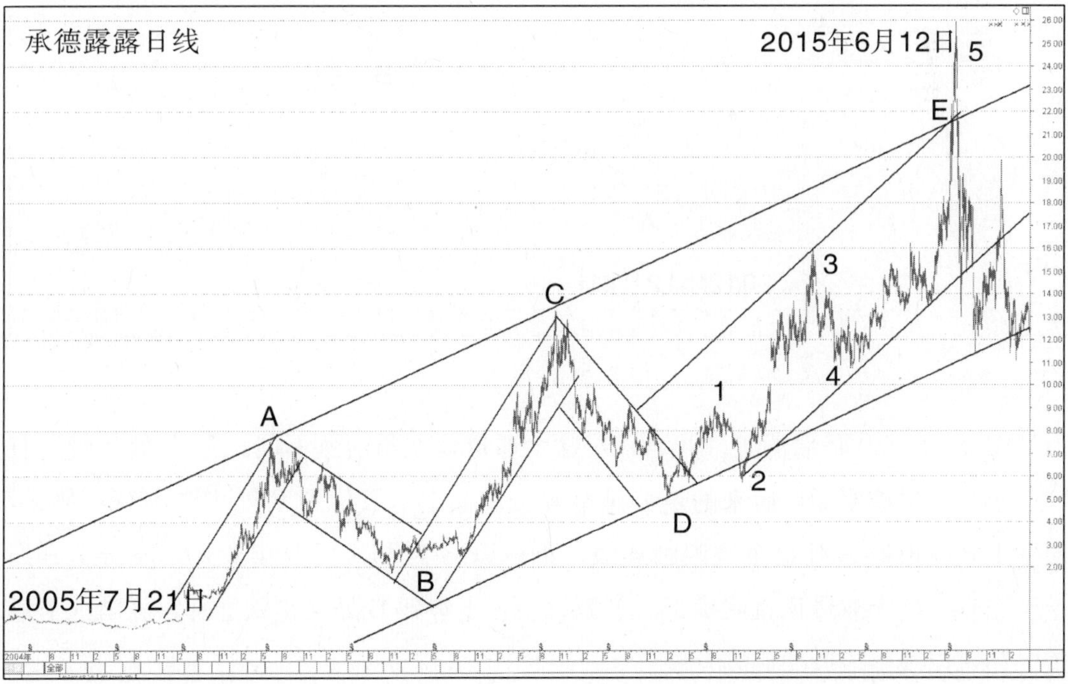

图 3—1—8

图中上轨以 A、C 连线，下轨以 D 为界建立大通道。由图可见，从 D 处又有开始向上的小通道，且呈鲜明的 5 段式运行，这个小通道是用波浪通道方法建立。走势运行到 E 处，股价冲刺突破大小通道上轨，这种形态就是逃顶良机，因为大通道上轨构成的顶级别较大，绝不能期望如此轻易就完成突破。

图 3—1—9 三维丝（300056）这条通道运行时间不长，仅两年多时间，通道下轨以 A、B 两点连线，而 A 之前还有个低点，实际可视为三点连线，这种情况的可靠性更高些，上轨以 C 为界。2015 年 6 月的高点接近上轨，已经预示顶部，股价微调以后再次创出平行高点，这时的波段顶已经凸显。至截图时，走势尚未破下轨，凭借这个通道，还可以捕捉下一个波段顶。

图 3—1—9

图 3—1—10 坚瑞消防（300116）这个通道建立与前例不同，在 A 处一带，有三个小高点呈坡度形，后来的走势是窄幅波动向上，股价到 B 处止跌上行，那么，通道上轨就根据 A 处这个坡度画连线，下轨以 B 为界。2015 年 6 月，股价上升到上轨止步，这个波段顶就明确了。下调以后，走势到 D 处又止跌上行，凭借这个通道，还可以观察该股的后续发展。

图 3—1—10

图 3—1—11 是华孚色纺（002042）的一段历史走势，这个通道是根据价格的波动宽度建立的。

图 3—1—11

该股自2008年10月至2010年12月，两年间有几次触及上轨，如果操作小波段，每一次触及上轨都是逃顶机会。2010年12月之后的走势是快速破下轨又快速上升进入通道，且于2011年7月29日快速上冲超前高，对于这种走势应果断逃顶出局，因为股价已离开两年间的通道，虽然再次进入通道也会是另一种走势。更重要的是，仔细观察股价在通道内的形态，可见三处明显高点，但不是推动上升5浪，这种形态之后必有调整，何况股价是离开通道较远以后的再次进入。

图3—1—12万达信息（300168）这段走势是推动上升浪中的一段，走势与前面案例又有不同，股价由B到C这段走势是贴线上升，会走到哪里？如果上轨以A为界建立通道，从视觉观察，这个通道宽度适中，可信度较高。走势到D处触及上轨，判断为顶也不错，因为此时的大盘正在上升，有引力作用，此后该股又走出两小段延长浪，到E处时，已有三个相邻高点，这个顶十分明显。

图3—1—12

图3—1—13黔源电力（002039）这段走势很短，只有一年多时间，通道以A、C连线为上轨，下轨以B为界。2015年6月，股价突破通道上轨，但未保持趋势，并很快回到通道，这时就应出局。

图 3—1—13

图 3—1—14 这幅图是獐子岛（002069）一段短期走势，与上一案例相似，股价走势有三次触及上轨，C 处一带靠近上轨运行，但始终没能突破，走势一旦离开上轨就应逃顶出局。

图 3—1—14

图 3—1—15 是天龙光电（300029）一段短期走势图，这段上升也是很规范地在通道内波动，并有几次触及上轨，但是小波段不分明，若仔细观察 2015 年 6 月初这一段，会发现有三个平行高点，且高点渐渐离开上轨，凡是这种形态都应出局，如果破下轨更不能犹豫。

图 3—1—15

图 3—1—16 天坛生物（600161）这段上升与上一案例周期差不多，都是 2012 年 12 月起涨，走势模式相似，但形态有些差异，波动大些，段落也分明些。我在中后段还画了一条小通道。走势越过大通道上轨以后，还超出一段距离，距小通道上轨很近，随后滞留，而 2015 年 6 月 8 日再次冲高时，距小通道上轨反而远了，这就是顶部象征。

图 3—1—17 是现代制药（600420）上市早期的一段走势，从 2004 年 8 月到 2007 年 6 月，近 3 年时间走出了一个上升推动浪。从图形看出，2 浪的下跌几乎吞噬了 1 浪的升幅，很难相信这是 2 浪。当走势运行到 4 时，可以 2、4 连线为下轨，上轨以 3 为界建立波浪通道观察顶部，此后走势快速上升，便知道这个波浪通道有效。后来股价几乎触上轨，这个顶便确定了。此后大盘还在上升中，受引力影响，现代制药又走出两小段延长浪，到 2008 年 1 月还创出象征性高点，但 K 线位置已

远离上轨，这个顶更确定了。

图 3-1-16

图 3-1-17

图 3—1—18 荣盛发展（002146）这幅图呈现的是一段不长的走势，但同样运行的是上升推动 5 浪，这个通道也是依据波浪 2、4 浪连线为下轨，上轨以浪 3 为界，因此，股价最初上升那一小段不包括在通道内。用这种波浪通道法判顶的准确率很高，但前提是要对波浪判断准确。

图 3—1—18

图 3—1—19 东方钽业（000962）这幅历史图也是一段上升推动 5 浪，用时刚好两年。这个通道也是 2、4 连线，股价在 5 浪时几乎触及上轨。画这个通道连线有个细节值得注意，标示 2 的地方并不是 2 浪的低点，而是 2 浪的结束点。波浪有时空关系，无论上涨与下跌，如果一段浪的幅度完成了，时间尚未完成，时空节奏不一致，就会形成这个案例的这种情况。用波浪方法连线建通道，很多时候都会遇到这种情况。

图 3—1—20 云南盐化（002053）这段上升推动 5 浪，用时也刚好两年，形态比上一案例浪形更清晰，时空节奏也一致，在标示 2、4 的地方，各是一个浪段的低点，也是结束点。走势到 4 的时候建成通道，就稳稳地跟随到 5 浪顶。

图 3—1—19

图 3—1—20

图 3—1—21 新乡化纤（000949）这段走势的通道很特别，自 2013 年 6 月 25 日到 2015 年 6 月 18 日，两年时间运行了一个完整的上升推动 5 浪。当然，在运行过

程中是很难这样判断的，这是走势图表形成后的结论。

在整个过程中，不仅数浪没把握，就连习惯的通道方法也无法界定，只能一段一段跟随，最终看到现在的通道形态。仔细观察三个上升段，价格的浪形还是很清晰，图中三个上升段标示有细浪序号，而通道就是波浪通道方法连线建立的。需要说明一点，3 浪的通道是以（2）、（4）连线为下轨，但上轨不是以（3）浪顶而是以（1）浪顶为界。这种连线方法时有发生，关键是看通道宽度的合理性。此图如果上轨以（3）为界，通道会显得太窄不合理。

这个案例用通道法跟随，由于前面已有 1、3 浪两段上升，5 浪这一段又是鲜明的细浪 5 段，所以当股价突破通道上轨滞涨，逃顶就刻不容缓了。

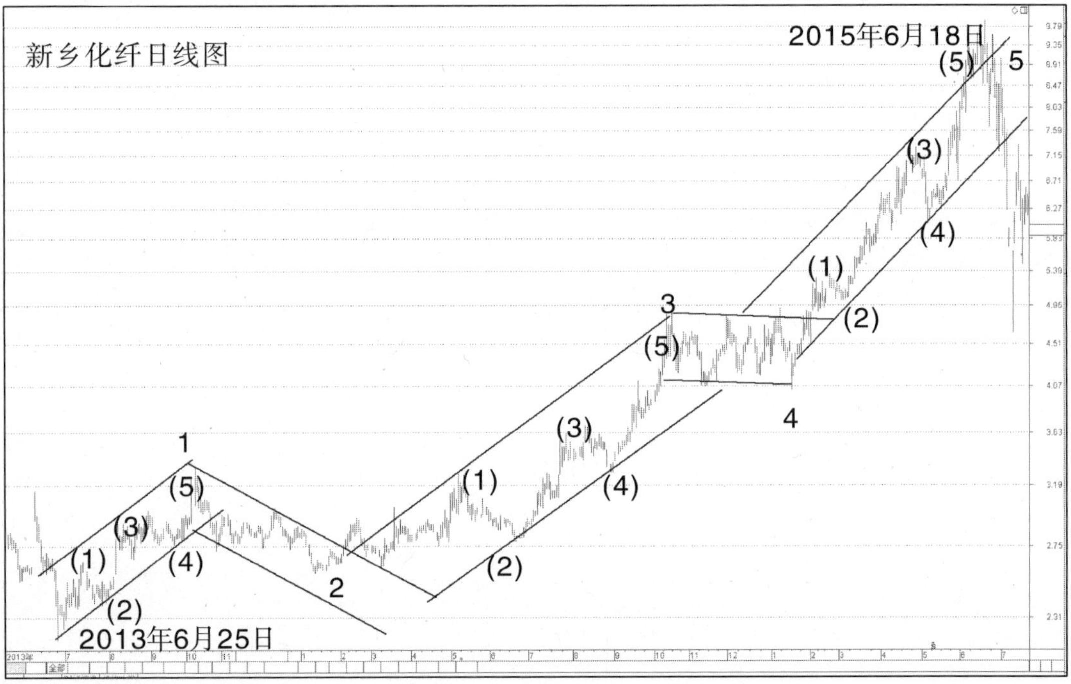

图 3－1－21

图 3－1－22 特锐德（300001）的通道与前面案例不同，该股从 2012 年 12 月开始上升以后，始终在一条通道内波动上升，到 A 处时，以连续涨停突破上轨，创出新高后在 B 处止步不前，此时增加一条相应宽度的通道，就会发现股价正好受阻于上轨，走势就成了音叉通道模式，这就是顶。之后调整下跌到 C 处，正好又在音叉通道下轨，然后再次上升，当突破音叉通道中轨，抵达 D 处时，价与前高几乎持平，尽管如此强势，也应当认定只是反弹，这时又是出局良机。

图 3—1—22

图 3—1—23 涪陵电力（600452）这段上升也是音叉通道模式，不同的是，该股的上升是沿着音叉通道的上通道运行，触及上轨结束。

图 3—1—23

该股自2015年6月初开始调整，下跌到音叉通道下轨D处反弹，向上突破中轨后再次下跌，于下轨E处企稳，然后又反弹到中轨F处，至截图时，股价还在此处滞留，对这种走势，出局为宜，股价很难再次触及上轨。

图3—1—24士兰微（600460）这个走势有些特别，2003年7月以后，走势出现A、C两个低点和B、D两个高点，分别连线两个高点和两个低点可以形成通道。该股从高点D快速下跌，到2008年11月止跌，这时增加一条相应宽度的通道，便成为音叉通道，这时的止跌点正好在音叉通道下轨。从此处上升，走势很凌厉，快速突破中轨不停留，到2010年9月F处时滞留不前，此时就应出局。音叉通道模式的走势，只要股价是从上通道下跌到下通道，然后向上的走势，股价很难再次触及音叉通道上轨。

士兰微从2010年9月F处高点下跌，再次在音叉通道下轨G处止跌，然后上升到2015年6月，超越音叉通道中轨再次下跌，此处只要低于中轨就应出局。至截图时，股价又处在音叉通道下轨处，此时也可小心进入，重点观察股价会不会破下轨，一旦破下轨应果断出局，因为离开这种模式，股价就会是另一种走势了。

图3—1—24

图3—1—25恒顺醋业（600305）这个音叉通道模式比前面案例都标准。自2008年11月至2015年6月，近7年时间运行了明显的5段，其中有3段上升，一

段在音叉通道上通道，两段在音叉通道下通道。2015 年 6 月，当走势抵达音叉通道中轨时，在走势转向那一刻就知道股价到顶了。

图 3—1—25

图 3—1—26 锦富新材（300128）是一个三角形上升模式，自 2012 年 1 月的低点开始上升，走势有 A、B、C 三处明显高点，从 C 处开始调整。

图 3—1—26

C以后下降幅度较浅，然后又上升，上升幅度不高又下降。此时形态上看不出什么走势模式，到F处时才看出规律，上有A、B、C三个点，下也有D、E、F三个点，都呈规律性坡度，上下各以三个点连线，就成了三角形通道，走势到2015年6月中旬，股价见顶，而且见顶之前的一段上升十分快速，在这段时间，股价只要不创新高，就应果断出局。

图3—1—27上海凯宝（300039）也是一个上升三角形模式，股价从2012年1月开始上升，也有A、B、C三个明显高点，C点之后的走势与上一案例相似，前半段上升也看不出走势模式，到下轨F点时，也有D、E、F三个明显低点，这时画出上下各三个高点和三个低点连线，三角形模式就清晰了。该股在G处破下轨，从策略上说应出局观望。在Y处股价又重新站上下轨进入通道，这时就考验操作者心智，因为再买入就比卖出价高，如果不情愿，就会放弃一段可观的利润。到2015年6月时，股价触及三角形通道上轨，这时就是逃顶良机。

图3—1—27

图3—1—28易成新能（300080）的波动快速而凌厉，尤其是上升之初，很快形成A、B、C三个鲜明的高点，当形成D、E、F三个鲜明低点时，上下各画一条射线，三角形态就确立了。F点之后上涨一段又下跌，只要不破下轨就无忧。该股

2015 年 6 月 3 日的高点几乎触及上轨，出现这种形态要毫不犹豫逃顶，不要期望冲高，就算有冲高也不贪那一点。

图 3-1-28

刚才讨论了三个三角形上升运动的股票，几只股同属创业板，创业板这波行情是从 2012 年 12 月 4 日开始，这三个案例都分别是提前启动。几只股虽然同属创业板，但上升模式又不同于创业板大多数股票。其走势特点又属于一个小群体。一个股票群的运动，可能有很多相似处。当然，这个群又分大小，大到中国 A 股，小到不同板块，更小到数只个股。

需要再次提醒的是，用通道方法观察走势，要用两种坐标互为验证，因为对数坐标和普通坐标各有所长。

第2节 直尺逃顶法

我们前面讨论直尺抄底法说过，数字运动结构也存在力学原理，既然存在力学原理，那么，向下运动和向上运动都是这个理。

图3—2—1显示同方国芯（002049）自2005年上市至2015年，10年间出现三次高点，都受压一条阻力线折返。

图3—2—1

这条阻力线是在前两段上升形成后发现的。当第二个高点定性后，用射线连接

A、B两点，就等待C点的顶。2015年6月，股价抵达这条阻力线，这时就是逃顶良机。其后，该股经过调整后企稳，于2015年12月再次冲刺这条阻力线，需要说明的是，凡是这种形态都是假象，因为这类顶级别较大，不要期望还会有突破主升。

图3－2－2东睦股份（600114）从2005年7月的最低点开始向上运动，到2015年6月，构成三波上升，两波下降，形似5浪，但不符合波浪理论5浪上升的数浪原则。观察这种形态最简单的方法就是用一条直线判断波段的顶。注意：图中A处一带，有连续两个高点，呈坡度形态，用射线连接，虽然两点相距很近，不足为凭，但也可作为观察线。当走势到B时，刚好触线回头，我们便知道这里是阻力，赶快逃顶。

该股从B处下跌，然后上升到C，又是触线回头，这时的逃顶更不能迟疑，因为相隔较远的A、B连线，预示这里就是阻力。

图3－2－2

图3－2－3蓝帆医疗（002382）也是A、B连线，走势在C处突破阻力线，但有些滞重，最终没能保持趋势，回头向下，而且很凌厉。走势在趋势线上，一旦发现滞涨，就应果断出局。这条阻力线的上升角度较陡，很少有突破上涨的情况发

生，况且已有明显三个高点。

图 3—2—3

图 3—2—4 鹏欣资源（600490）这段走势略有不同，A、B 两个高点出现后，用射线连接，走势到 C 触线回头，微调后再次上升到 D，突破后很快又微调，然后再次触线，仔细观察是三个平行顶，而在 D 处出局也没错。

图 3—2—4

图 3—2—5 南方航空（600029）这段走势其实可以数为 5 浪，只是 B 处浪调整浅，C 段涨幅小，周期也短，如果认为 B、C 相隔近，判为 5 浪没把握，用直尺方法判断就更容易些。当 A、B 两个点出现后，画出连线就容易知道 C 处是顶。

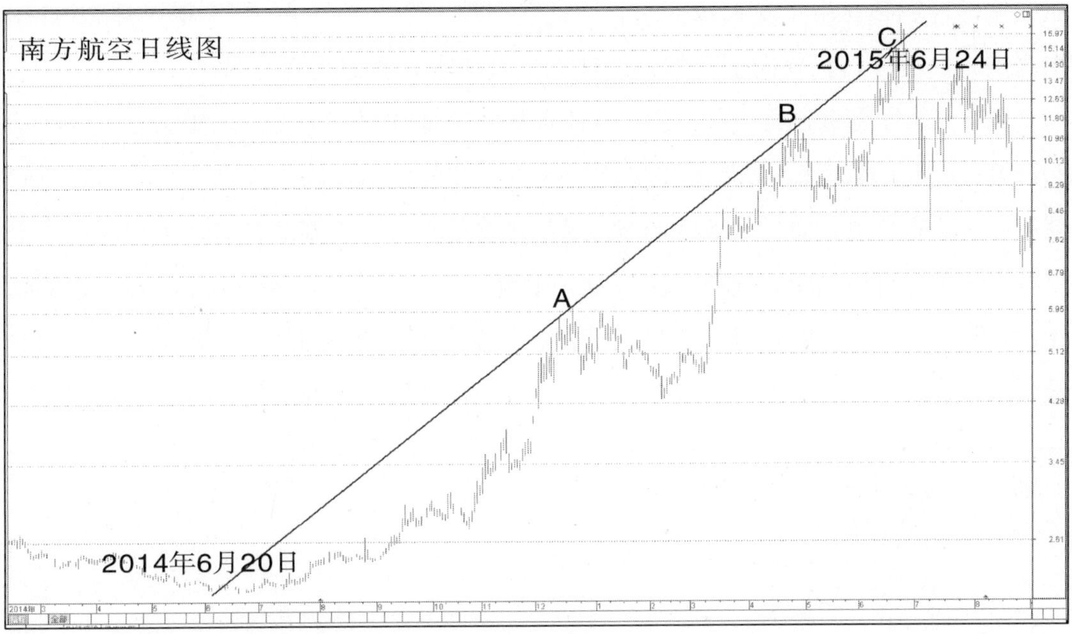

图 3—2—5

图 3—2—6 是大北农（002385）的一段走势。

图 3—2—6

该股从 2012 年 1 月开始上升，A、B 是两处明显高点，用射线连接可以看出，股价在 C 处突破以后走势犹豫，尽管在线上滞留多日，随后还是回到线下，但继而又再次向上，为何是这种走势？从标示时间上看出，此时大盘还在向上，这说明该股其实已经到顶，由于受大盘牵引，因此又出现一个上冲，在 2015 年 5 月 28 日创出高点，此时大盘仍在向上，但该股终因上升乏力，先于大盘下跌。

图 3—2—7 新亚制程（002388）这段走势的顶部纯粹是依据一条阻力线判断。从 2012 年 12 月 4 日起涨，之后的走势波动频繁，波段也不清晰。A 点一带，不长时间就有几次瞬时高点，而且呈坡度形态。这种走势就是直尺判断的优势，因为形态在很早就表明了运行模式或曰规律。在 A 处一带就可用射线连接，触线就是高点。走势到 B 处一带，有过一次假突破，随后又有过一次触线。到 C 处时，股价以涨停方式突破，看似强劲，却已走出 5 小段上升，所以应在此时出局，规避随后的连续跌停。

图 3—2—7

图 3—2—8 中国医药（600056）这段走势更显示直尺判断的重要性。走势在 B 处以单根 K 线上冲，然后回落，将 A、B 两处高点连线可见，到 C 处时，走势在阻力线反复缠绕，这种形态就不要期望股价蓄势再涨，因为已经有三处高点，而且高点之间的时间周期相对匀称，所以，这里做顶明显。

图 3—2—8

图 3—2—9 上海梅林（600073）这条阻力线形成较早，将 A、B 两个高点连线，走势到 C 时，单根 K 线触及阻力线，然后下跌，说明阻力线有效，其后股价再次上升到 D，虽突破阻力线却时间短暂，随后下跌表明见顶。用这根阻力线就能捕捉 C、D 两个波段高点。

图 3—2—9

图 3—2—10 是金杯汽车（600609）的一段历史图，从 1995 年 7 月上升到 C 处，有 A、B、C 三处明显高点，随后深度下跌，2005 年 8 月之后直线上升，到 D 处时，两次突破都没能保持趋势，低于线下那一刻就应果断出局，因为前面三个点呈坡度连线，这个线的阻力是很大的。

图 3—2—10

图 3—2—11 金瑞科技（600390）自 2008 年 11 月上升以后，尽管波动较大，但总体趋势向上，A、B、C 三处形成规律性坡度，到 E 处时，强势突破上压线，随后又很快回到上压线之下。

这种形态，在不创新高那一刻就是出逃机会，因为 A 到 E 是鲜明的 3 波，我前面说，只要是鲜明的 3 波高点，就应出局观察。

图 3—2—12 是金城股份（000820）从上市开始之后至 2015 年 12 月的历史图，图中的形态与上一案例相似，A、B 两个点相距较远，将两个点连线后可针对 C 点判断可靠性。

该股在 C 点位置强势突破，而且超越很远，这种突破应该是最后的冲刺，只要股价不创新高就应出局。

图 3—2—11

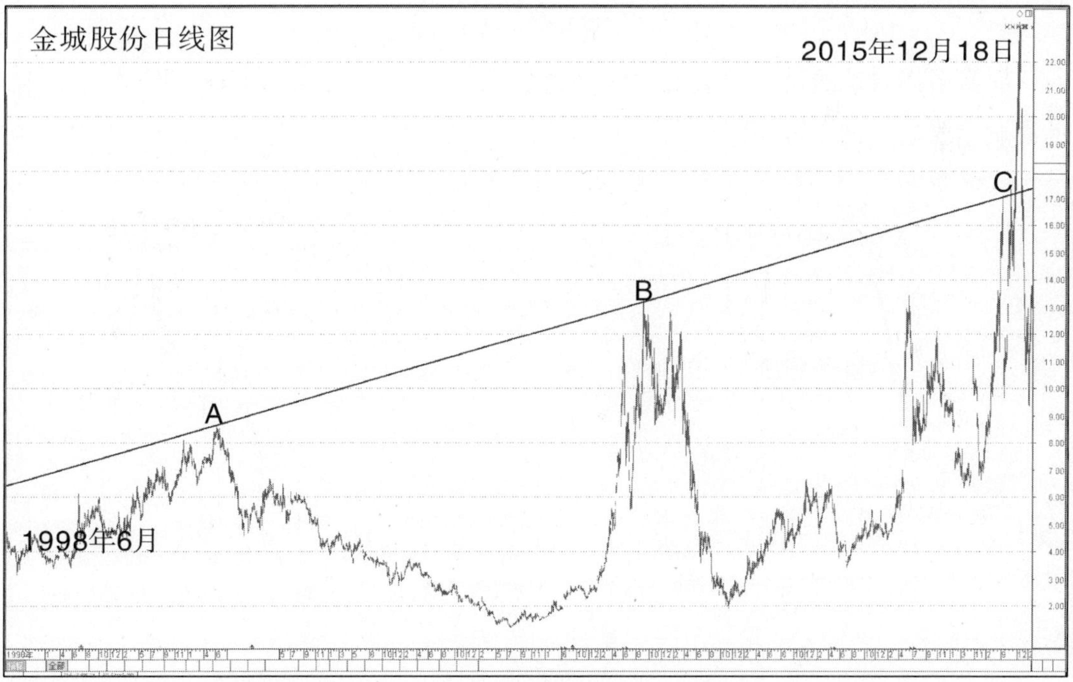

图 3—2—12

图 3—2—13 新宙邦（300037）这段走势很特别，波动太过频繁，幅度也很大。不过 A、B 两个点出现后，后面的高点也容易把握，尤其适合做小波段。从图形可以看出，

股价的上涨与下跌都很快速。这种股一般都有自身的循环模式和周期，走势不一定与大盘同步。从标示时间看，该股在 2015 年 12 月 31 日高点时，大盘还在低位调整。

图 3-2-13

前面案例讨论的是，凭借阻力线逃离波段上升的一个或多个顶。图 3-2-14 洪都航空（600316）不一样。

图 3-2-14

图中A、B两点是两个较大波段之间比较确认的高点。前面案例需要至少两个高点连线才能画出阻力线，洪都航空却是以前一高点为坐标画一条平行线作为阻力线，图中，股价走势到B时，仅单日突破就回头下跌。这种形态，只要不能在阻力线上保持趋势，就可确认是波段顶。

一般认为突破是买点，这是误导，一定要分析是什么形态的突破，凡是跌幅较深之后的上升，即便突破也很难维持上升。

图3—2—15亚星客车（600213）也是两波比较。该股从A处下跌较深，B段上升较快，到2015年6月中旬时，大盘已全面滞涨开始回落，该股走势也接近前高，而且是小调后的上冲，此时便应出局，不应期望会形成突破。

图3—2—15

图3—2—16亿利洁能（600277）见A处高点以后，下跌较深，可以A处为坐标画一条平行线，之后B段上升，两次都没能突破，C段也是没能突破，股价运行到D处，看似突破坚决，还在线上停留一段，但仅短暂冲高就回头，该股究竟蓄势再上还是做顶？这种情况，只要股价回到线下就应退出观望。

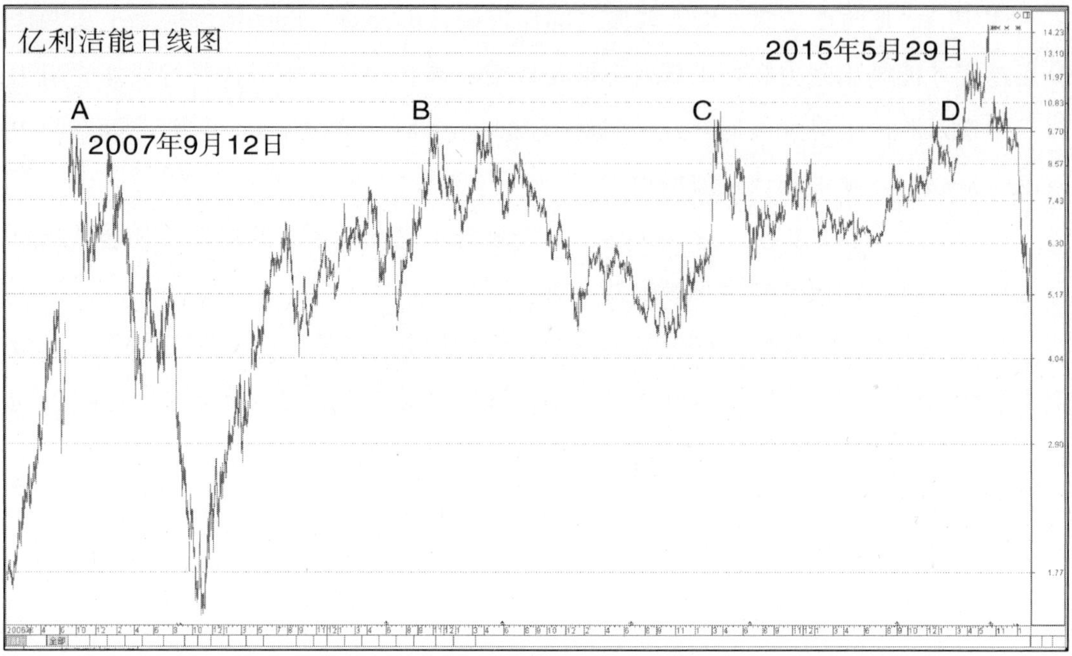

图 3-2-16

图 3-2-17 太化股份（600281）也与前例相似，从 A 处开始的下降很深，第一次快速反弹接近阻力线时出现回落，此时就是逃顶机会，因为这种下降陡峭，上升陡峭的形态不会保持很久。

图 3-2-17

回落之后的上升，细看还呈5浪推动，到B时突破阻力线，经短暂停留便再次向下，只要低于阻力线，就应判断见顶。

该股在B处之后的下降也较深，3年之后运行C段上升，2015年6月时，象征性突破阻力线再次见顶。

太化股份从A处画这条阻力线，之后的7年间实际有3次可依据这条线逃顶。

图3—2—18柳钢股份（601003）这段走势，是用直尺判断反弹顶。该股从2007年6月下跌，下降幅度很深，股价从13元多下跌到1.8元，几乎下跌90%，再从1.8元上升到10.88元，上升幅度达6倍，然后再次漫长下跌。2014年6月，该股开始反弹，从1.88元上升到7.43元，上升4倍。

第一次反弹到B时，还无法用直尺判断，此后，A、B连线形成阻力线，第二次反弹到C时，就可以依据这条阻力线判断了。走势到C处突破阻力线，一旦再回到阻力线下，就知道已经到顶了，抓住机会出局是上策。

图3—2—18

图3—2—19山鹰纸业（600567）与上一案例相似，但该股下跌不久就可画出阻力线，如果A、B两点连线，后来的C、D两处反弹高点就抓住了，在E处还会发现股价的上升趋势。

图 3-2-19

在一个下降主趋势中，依据直尺方法判断，不仅能逃离次要上升趋势的小顶，而且还能跟踪到趋势转向时的低点。

前面的案例，波段周期相对较长，图 3-2-20 中国卫星（600118）这段走势周期要短很多。

图 3-2-20

从 2015 年 5 月到 2016 年 1 月，仅有半年时间，但股价也受制于一条阻力线，其间两处反弹高点，同样是遇线止步。这段走势，A、B 两点用射线连接，就知道 C 处的小顶。图中标示了涨跌幅，C 段上升 76%，D 段下降了 50%，如果凭借直尺操作，短短时间也是利润不菲。

图 3—2—21 航天机电（600151）也是如此，下跌半年，B、C 两处反弹高点都在一条阻力线止步。尽管是短期小反弹，C 段上升 70%，D 段下降 60%，如果依据这条阻力线逃顶，下降中的反弹也有利可图。

图 3—2—21

总结上述几个下降趋势中的反弹案例，可以证明赢利并不一定只在上升主趋势之中，在下降主趋势中，发现走势模式，用正确的界定方法捕捉反弹顶底，也有赢利机会。

第3节 魏氏指标逃顶法

关于魏氏指标，本书第二部分魏氏指标抄底法一节作了简要介绍。该指标虽然是利用 MACD 指标框架修改参数而成，但修改后的指标图形与 MACD 指标的使用初衷有本质区别，魏氏指标不仅对趋势指向明确，更重要的是，对波浪理论描述的波浪判断有重要帮助，是对完善波浪理论作出的技术贡献。

股价运行会有不同模式，不同的模式适宜用不同的方法判断，但就指标而言，魏氏指标适用任何模式，就一个简单指标形态，是涨是跌一目了然。

魏氏指标主要观察指标柱和 DEA 指标线的形态，在讨论抄底一节中，笔者对下降趋势的指标柱、线形态作了描述，而对上升趋势则正好相反，顶部形态的指标柱、线表现与底部相似，只是方向不同而已。

一、价与柱顶背离

价与柱顶背离的概念是，价位比前高了，指标柱却比前低了。

图 3—3—1 江粉磁材（002600）价与柱顶背离的形态很鲜明，2015 年 5 月 28 日股价创出最高点，此时与之对应的指标柱群 B，与此前 A 处柱群相比低多了，这就是价高柱低，顶背离。

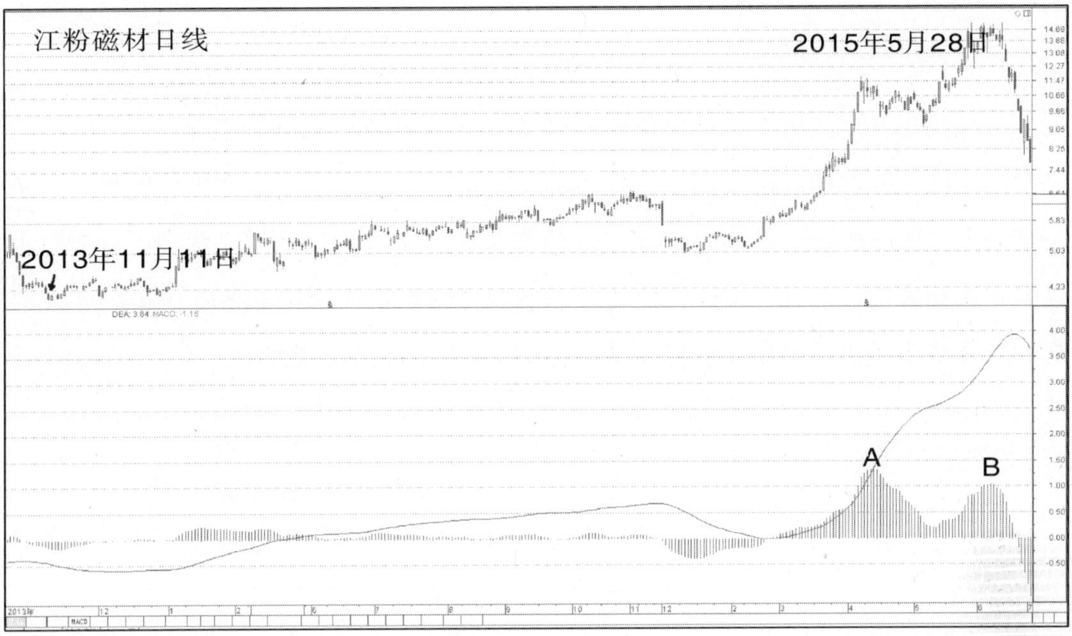

图 3—3—1

图 3—3—2 是弘业股份（600128）的一段历史图，在这个图中，价与柱的顶背离更鲜明。2008 年 3 月 6 日股价创出最高点，与之对应的指标柱群 B，不仅与之前 A 处柱群矮多了，而且规模也小得只有一点，价与柱严重顶背离。

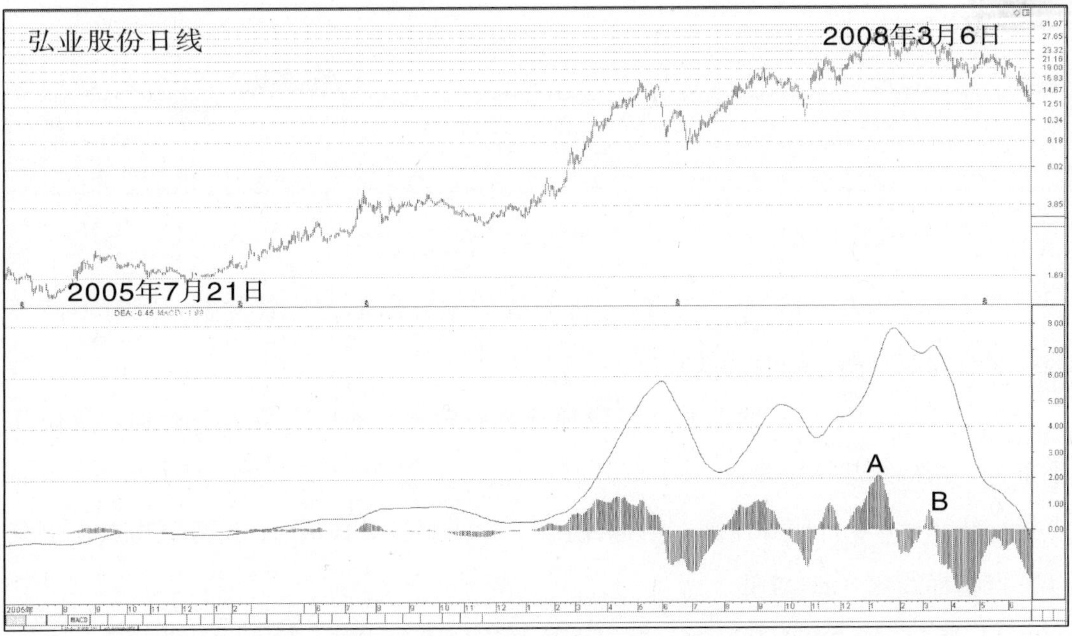

图 3—3—2

二、价与线顶背离

价与线顶背离的概念是，价位比前高了，DEA 指标线却比前低了。

图 3—3—3 杰瑞股份（002353）的价与线顶背离很典型，A 处指标线最高，价不是最高，B 处指标线比 A 处矮多了，价却是最高，这就是价与线背离。此时，大盘处于调整末期，上升行情还没启动，杰瑞股份却创下一个历史高度。2014 年 1 月之后的调整很坚决，大盘在涨它在跌，至 2016 年 5 月仍在调整中。

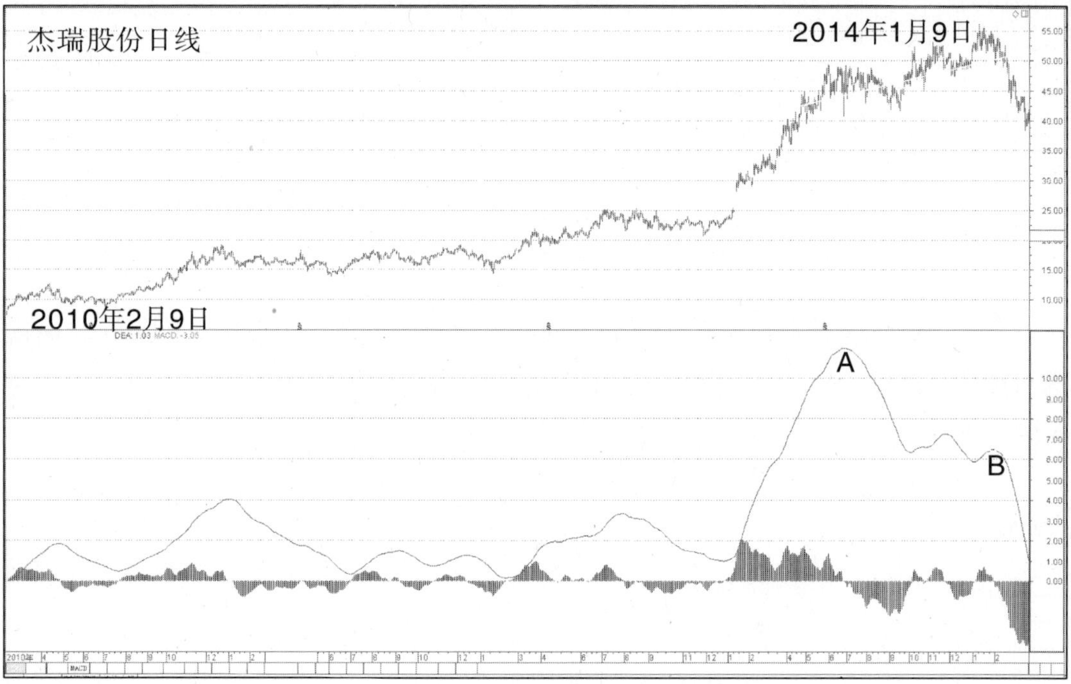

图 3—3—3

图 3—3—4 方大特钢（600507）价与线的顶背离形态比较复杂，既有本波背离，又有邻波背离，还有隔波背离。

图中有 A、B、C 三段上升，三段顶部都有背离形态。A 段有三个顶，价位几乎平行，指标线却梯次降低，到（c）时已比（a）低很多。B 段有两个高点，（a）点指标线高，b 点价比 a 点高，指标线比（a）点低。C 段有 a、b 两个高点，也是（b）点指标线比（a）点低。

A、B、C 各波段上升的顶，属于本波段价与线的背离，称为本波背离。

A 到 B 是相邻两波，B 波的价与 A 波平，但（B）波指标线比（A）低，属于邻波背离。

B波段和C波段看似一波，其实是两波，因为二者之间在0轴下有一个较大指标柱群相隔，指标线也下降较深，还向下穿破0轴，因此，从A到C，中间相隔了B波段，这就属于隔波比较。C波段顶部价位远超A波段顶部，但是C波段指标线比B波段低，比A波段更低，即一波比一波低，隔波的价与线顶背离十分鲜明，称为隔波背离。

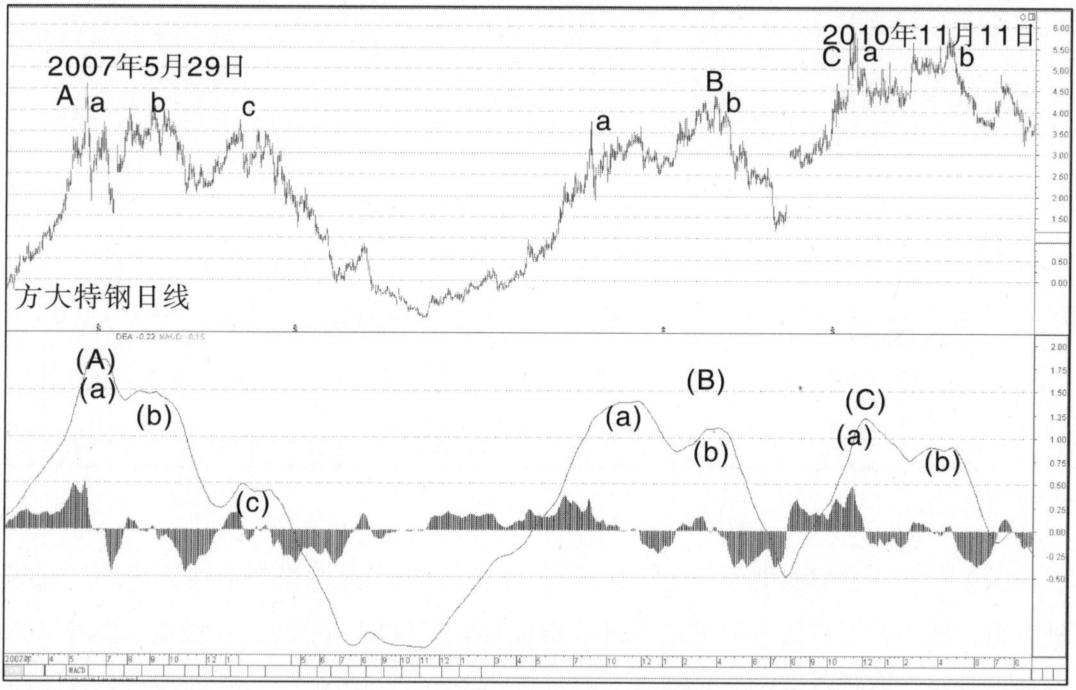

图3—3—4

三、价与柱、线顶背离

价与柱、线顶背离的概念是，后面的股价比前面的股价高，但后面的指标柱和指标线却比前面低，这种双背离形成的顶相对较大。

图3—3—5中厦门国贸（600755）2015年6月15日这个高点就属于价与柱、线顶背离。图中的指标线和指标柱分别标示了符号，指标线A处最高，价不是最高，B和C两处的股价在升高，指标线却在下降，相当于两次价与线背离，只是背离幅度小。指标柱（A）的位置是个规模较大的柱群，（B）处的指标柱群小而矮，但股价还在升，（C）处对应的股价最高，但指标柱群却更小了，相当于第二次价与柱背离。像这种价在逐步走高，而指标线和指标柱却双双走低的情况，称为双背

离。双背离见顶之后的下跌都比较凌厉，尤其是第二次双背离形成之后，跌势将更为迅猛。

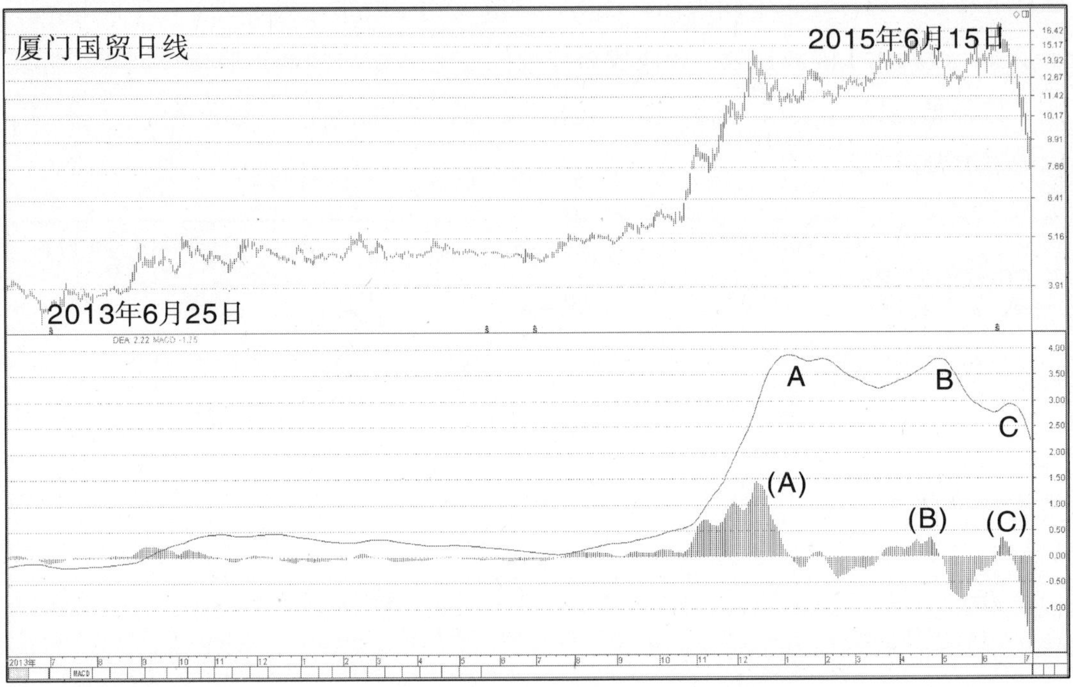

图 3—3—5

图 3—3—6 是思源电气（002028）的一段历史图，此图没有本波背离，只有邻波背离。图中，A 波段和 B 波段上升，指标线表现鲜明，一波比一波高。其中，A 波段上升时，股价有三个明显高点，指标线也有（a）（b）（c）三处高点。B 波段上升时，股价的几个高点不太明显，但指标线有（a）（b）（c）（d）四处明显高点。两个波段的上升都是指标线是高点，价也是高点。但是，两个波段价线比较，就可以看出 B 处是顶。因为 B 处价比 A 处高，指标线（B）却比（A）低，这是价与线邻波顶背离。

另外，指标柱群也标示有序号，［A］处柱群最高，［B］处柱群虽没超［A］高，但规模较大，［B］之后的指标柱群愈来愈小，到［C］处时，指标柱群又小又矮，但此处对应的价位最高。所以，无论与邻波还是本波比，这里都是明显的价与柱背离。图中可见，该股在 2010 年 4 月已是价与柱、线双背离，而且是第二次双背离，于是，紧接着就是一波大跌。

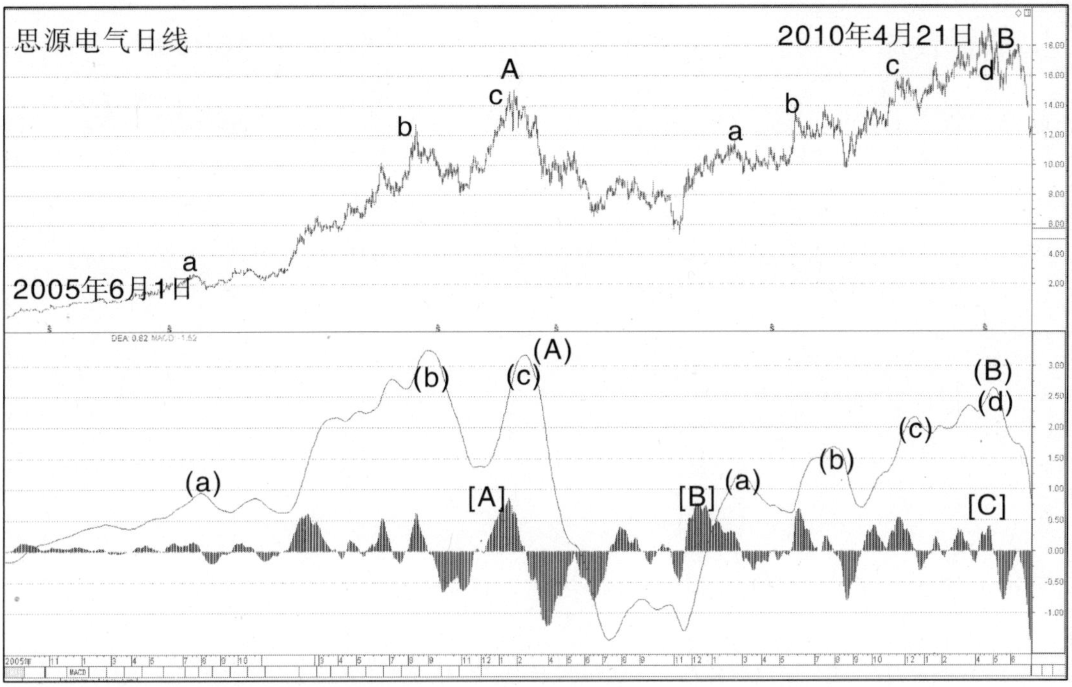

图 3—3—6

四、价与柱、线同步向下

与底部形态一样，并不是每只股的每一个顶部都会出现背离形态，也会出现价与柱、线同步向下的情况。

图 3—3—7 兔宝宝（002043）这幅图就出现了价与柱、线同步向下。2015 年 6 月中旬大盘到顶，随后出现千股跌停的惨剧，此时该股已停盘，一般情况是大盘大跌之后，个股复牌也会补跌，可是兔宝宝 10 月 20 日恢复交易后继续上涨，而且连续涨停。观察指标柱形态，10 月 30 日之前都是价、柱、线有序上升，此后才开始调整，指标柱群呈较陡坡度下降，随后 DEA 指标线也弯头向下，调整趋势确立。

图中，A 指标柱处也有下降形态，但每一根柱的下降幅度小，柱群下降坡度较缓，更重要的是 DEA 指标线始终向上，只是步伐慢一点，因此，与之对应的那段股价是平行运动。

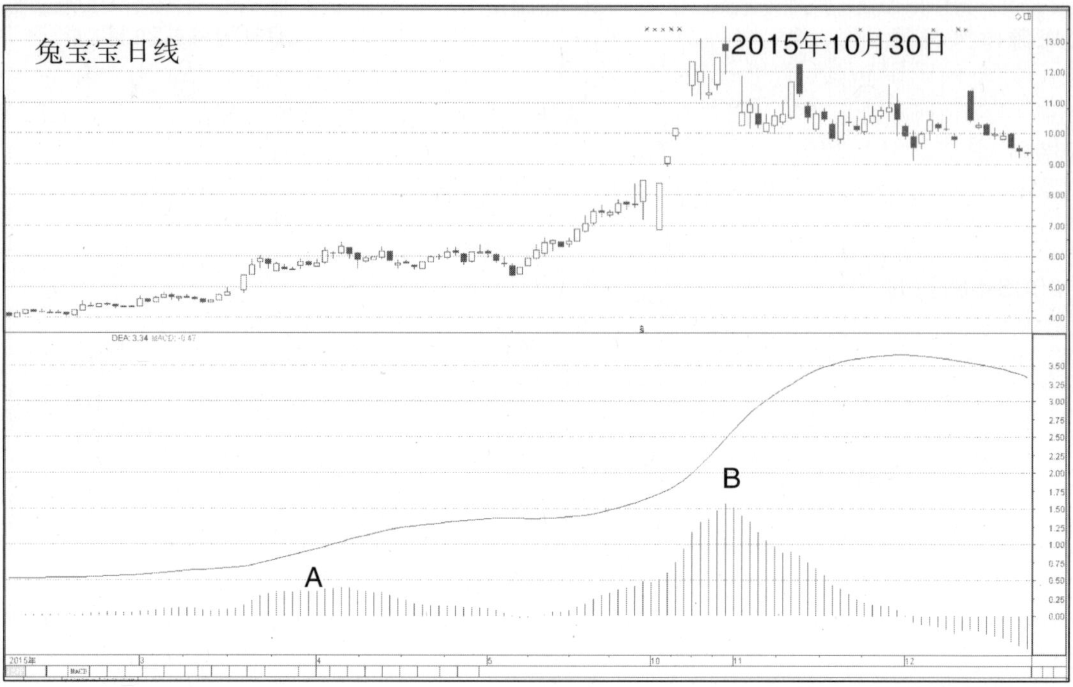

图 3—3—7

图 3—3—8 是廊坊发展（600149）的一段历史图，与上一案例相似，指标柱 A 段柱群不升不降平行运动，指标线上升形态坚决，因此股价也在上升。

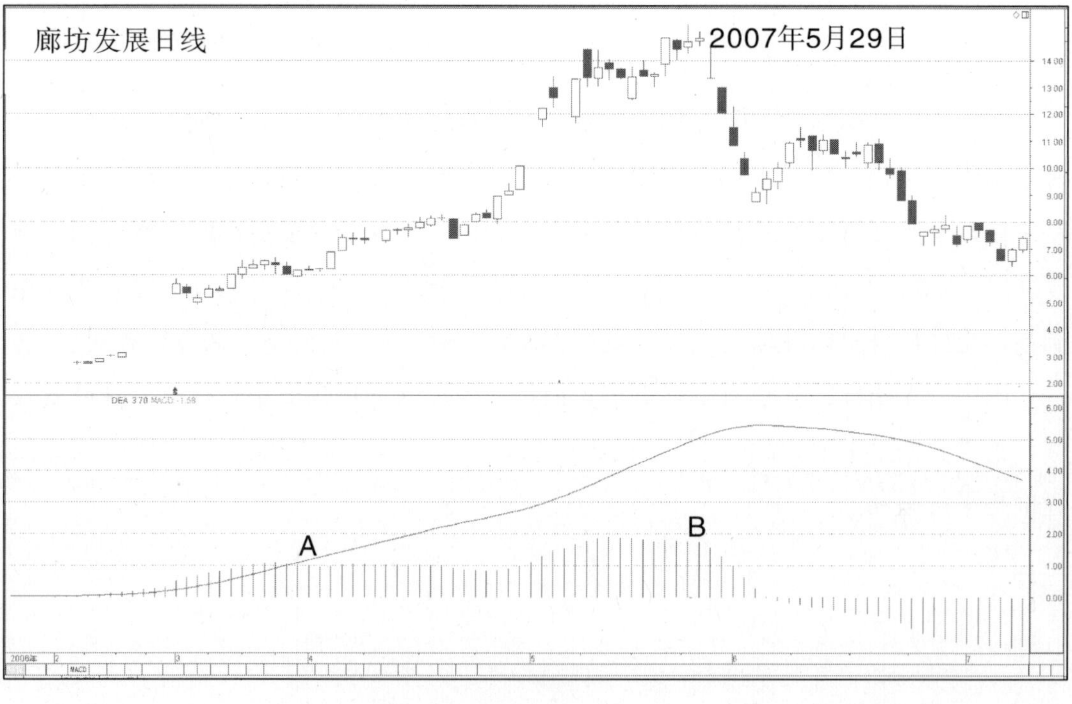

图 3—3—8

该股 2007 年 5 月 29 日股价创出新高，此时对应的指标柱并不是高点，随后指标柱呈梯次下降，角度很陡，指标线也弯头向下。

任何趋势的改变都需要过程，无论是顶部还是底部，DEA 指标线转向都要比指标柱慢一个节拍。所以判断顶和底，切记要将柱、线结合起来观察。

五、魏氏指标逃顶法

前面描述了魏氏指标在波段顶部的不同表现，根据这些表现，做出逃顶选择，不仅能保住利润，免受调整的煎熬，同时也会愉悦心态，操作股票就成了一件快乐的事情。

图 3—3—9 南洋科技（002389）这段走势近似于波浪理论描述的 5 浪上升，仔细观察，B 之后有个低点，按波浪理论的数浪法应是 4 浪，但股价低于 A 的位置，有悖 4 浪底不能碰 1 浪顶的原则。而我在研究中发现，中国 A 股走势中，4 浪底碰 1 浪顶或瞬时低于 1 浪顶的情况时有发生。

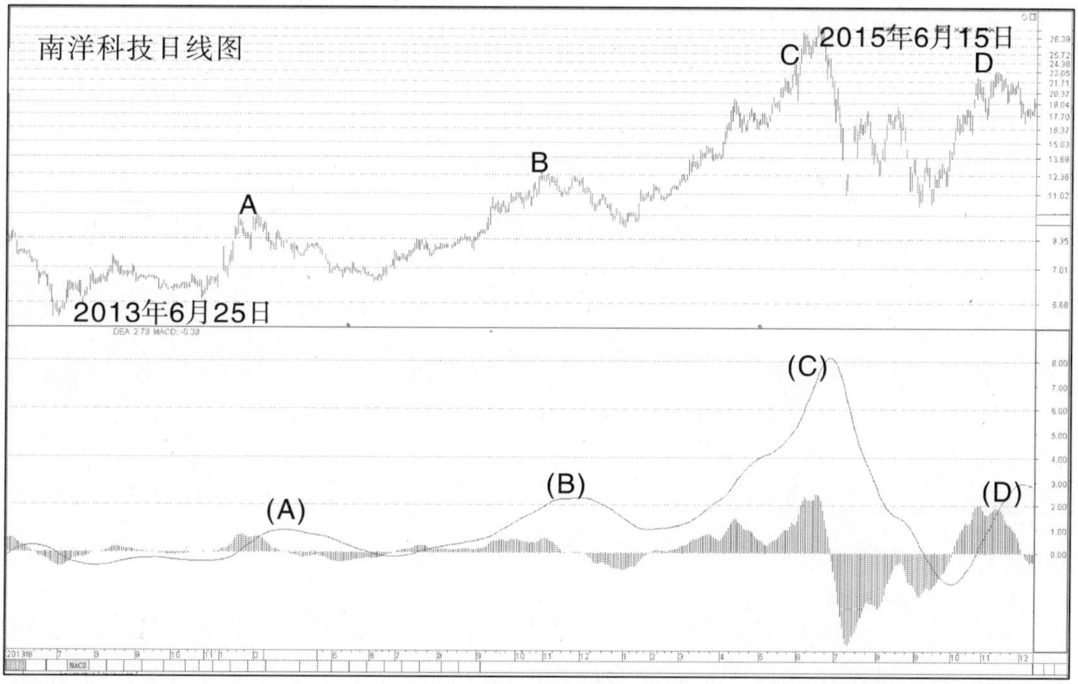

图 3—3—9

我们这里不讨论数浪，讨论的是魏氏指标逃顶，从这段图形观察，依据魏氏指标，就有 4 次逃离波段顶的机会。图中 A、B、C、D 四处对应的 DEA 线，弯头向下就是出逃机会。前面介绍魏氏指标时说，DEA 线反映的是资金流动方向，资金流出了，还不跑更待何时。尤其是 C 处下方的指标柱群像断崖似的下降，这种形态逃顶更要奋不顾身。

图 3—3—10 中国宝安（000009）这段走势就复杂了，此图前面部分不是一段推动上升而是一段调整。先看 A、B、C 三处，三处股价几乎平行，而三处的指标线 DEA 逐步走低，是价线顶背离，背离必跌。下跌之后，股价上升到 D，D 处股价略比 A 处高，但 DEA 指标线仅与（A）处平，表明相邻波段之间开始发生背离。再仔细观察，D 之后还出现一次股价与 D 处平，此时对应的 DEA 指标线却比（D）处低许多，这是本波背离。当走势运行到 2011 年 E 处，虽然没有价线背离形态，但指标柱呈梯次下降，紧接着 DEA 指标线转向，所以必须出局。

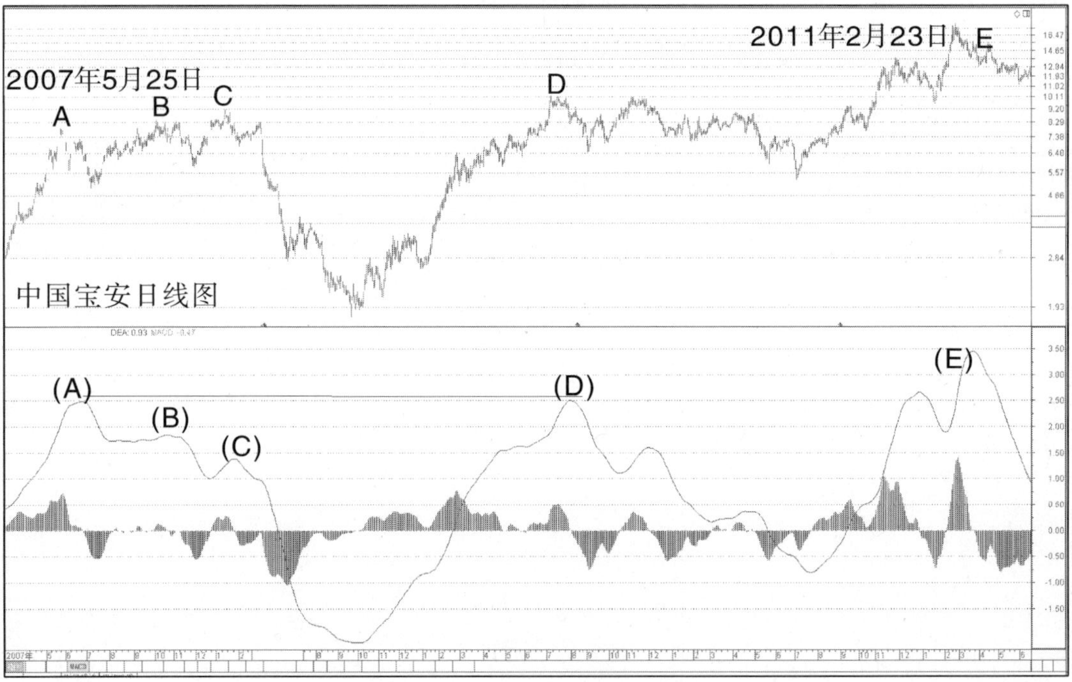

图 3—3—10

图 3—3—11 是深科技（000021）的历史图，该股上市 20 年间都处于调整状态，先后有 4 个平行高点。A 处高点确立以后，就成了此后若干年的坐标。股价运行到 B 处，价未超前高，DEA 指标线也未超前高，再到 C 时，价比 B 高，基本与 A 处平，DEA 指标线却比（B）低，比（A）更低，价线出现背离。运行到 2015 年 6 月，价创最高，DEA 指标线也创最高，当转身向下时，指标柱表现得特别急切，

如同向下台阶步步低，凡是这种形态，快快逃离。

这个案例依据A处一个点，后面就可在三个波段顶逃离。

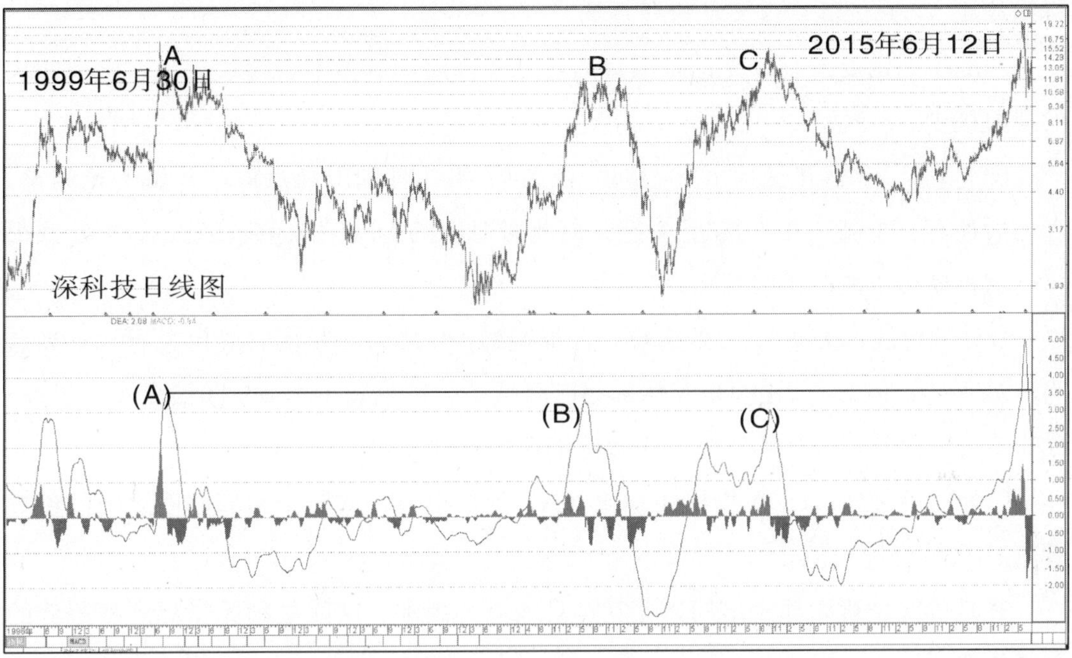

图 3—3—11

图 3—3—12 是美都能源（600175）的走势。

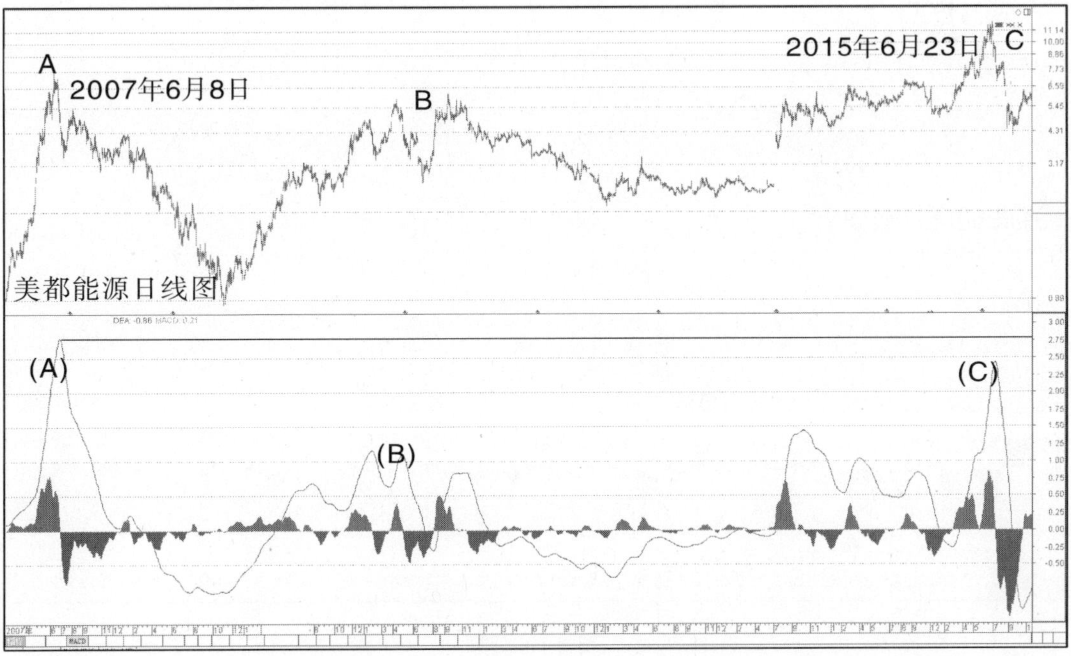

图 3—3—12

该股创2007年6月的高点后下跌，走势运行到B处，股价临近前高的A处，DEA指标线却比（A）处低很多，属于价线背离。2015年6月创最高价，DEA指标线却比（A）处低，这又是价线背离。

实战中一定要注意，无论是顶背离还是底背离，最多不会超过三次，出现四次的现象极少。

图3—3—13莲花健康（600186）在2007年5月创出高点后，开始一轮调整，A之后还有一个高点几乎接近A处，但此时对应的DEA指标线已比（A）处低很多，这种属于本波段价线背离。

B处的价线都无法与A处比较，仔细观察，B之后，紧接着股价又有一个高点与B处平行，但B之后的DEA指标线已降低了，这也属于本波段价线背离。另外，B处还有个细节，价与柱背离，线和柱都在示意逃顶。

C处的价最高，DEA指标线却比（A）处低很多，这属于相邻波段之间的价线背离。

凡是价线顶背离都应出局，尤其是日线以上级别。这就是魏氏指标观察趋势的独特优势。

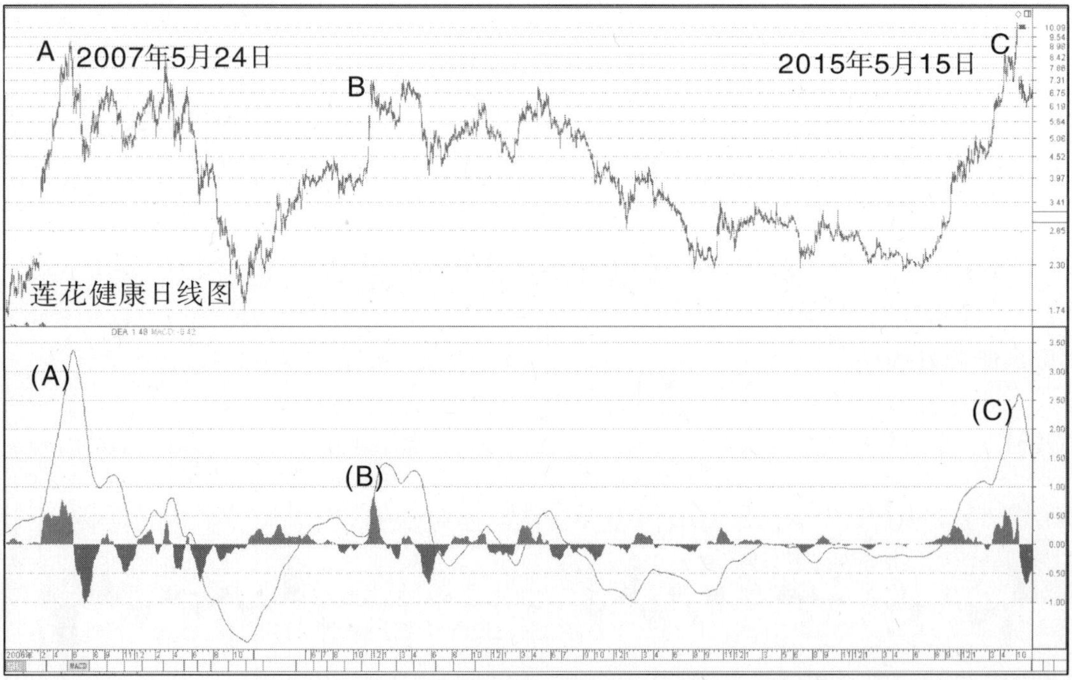

图3—3—13

图 3—3—14 浦东建设（600284）在 2007 年 9 月高点之后，呈震荡形态，2015 年 6 月才创出一个高点。图中，DEA 指标线上画有一条平行线，E 处价比 A 处略高，DEA 指标线比（A）处低，价线背离。

在这 9 年中，股价还有 B、C、D 三处小高点，但价线无法与（A）处比，在这几处小高点逃顶，完全要依据 DEA 指标线转向。

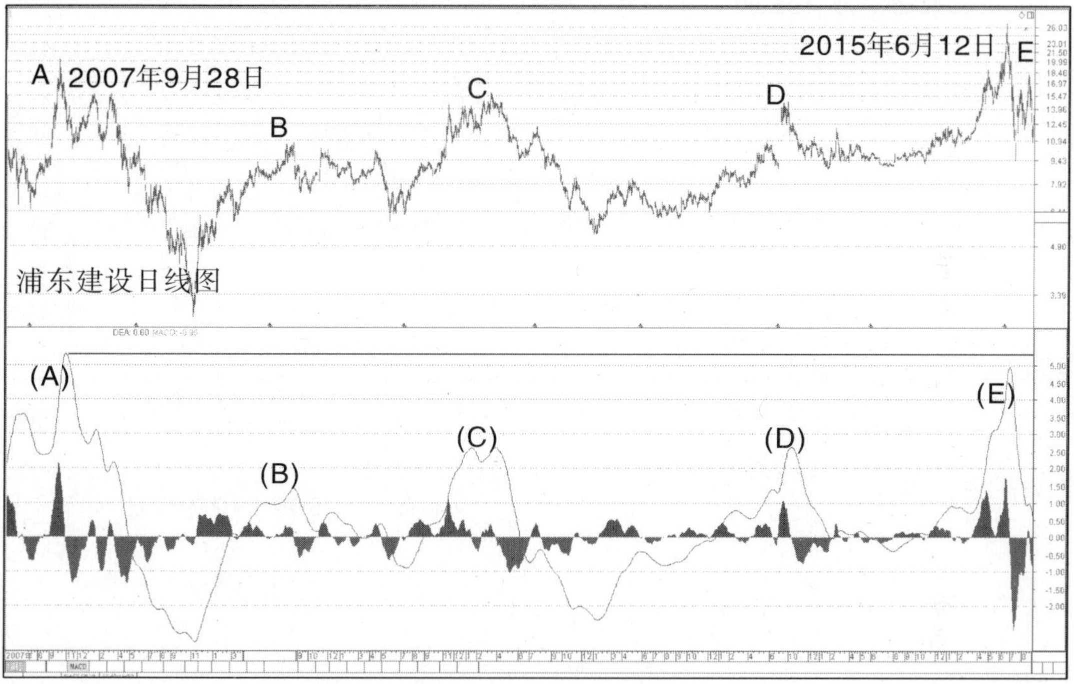

图 3—3—14

图 3—3—15 秦岭水泥（600217），10 多年以来都处于调整中，A 处之后调整最深，B 处高点接近前高，DEA 指标线与（A）处平，然后转向下跌，后来出现 C、D 两个小高点，D 处价比 C 处高，D 处 DEA 指标线比（C）处低，背离。E 处价线超 A 处，DEA 指标线转向即见顶。

秦岭水泥这段漫长的调整，依据魏氏指标仍可捕捉几处波段顶逃离机会。

图 3—3—16 是深康佳 A（000016）的一段历史图，A、B 两处价格基本持平，但（B）处 DEA 指标线却比（A）处低多了，这是本波背离。C 处价与 A 处平，DEA 指标线比（A）处低，这是相邻波段之间比较的背离。

仔细观察，C 之前还有两个小高点，也有背离形态。背离必跌，只是深浅不同。

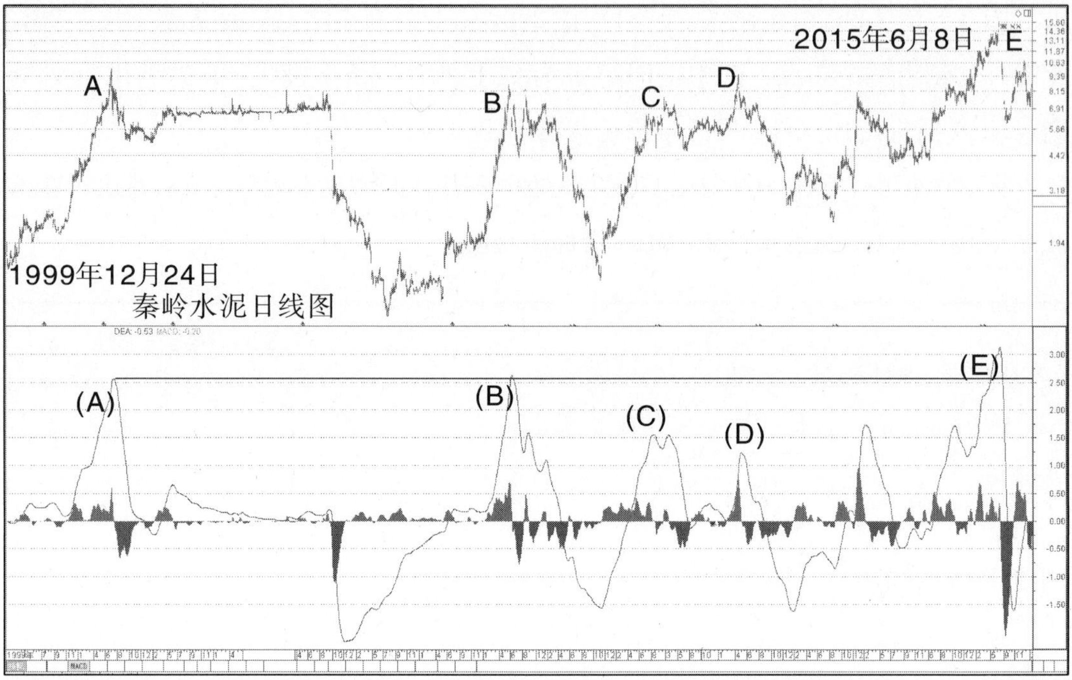

图 3—3—15

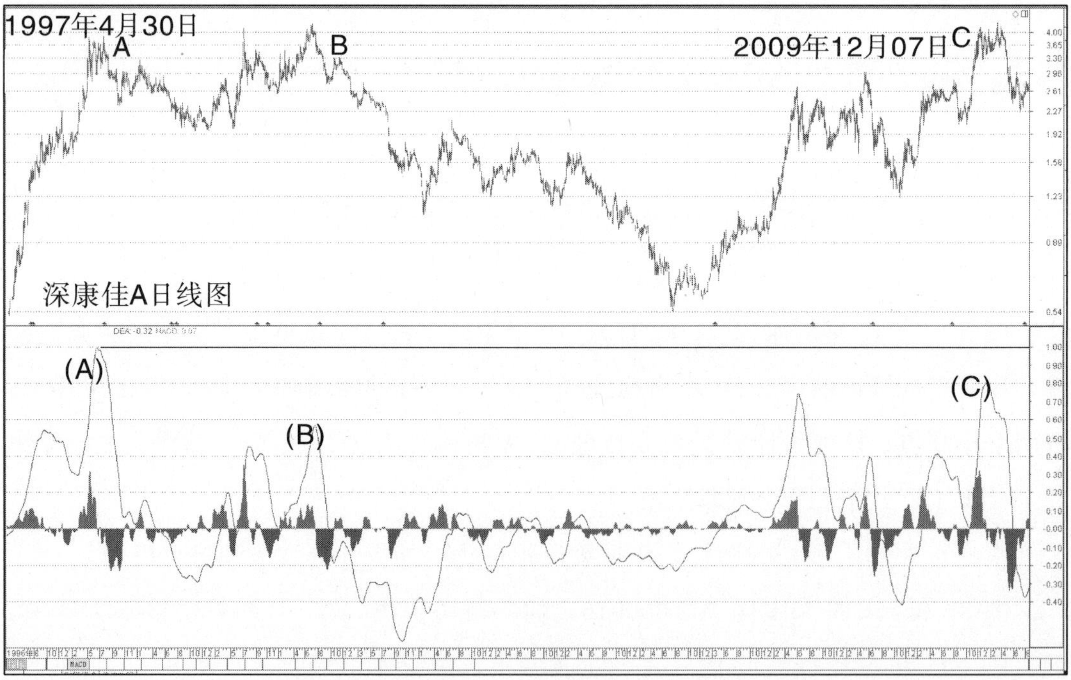

图 3—3—16

图 3—3—17 福田汽车（600166）这段走势耐人寻味，B 处价比 A 处高多了，（B）处 DEA 指标线却比（A）处低多了，此后股价调整再上，C 处价比 B 处高，

比 A 处更高，但（C）处线比（B）处低，比（A）处更低，随后就是一段漫长的下跌。

走势运行到 D，价超 B 处，比 A 处更高，而（D）处 DEA 指标线几乎与（B）处平，但比（A）处低，这是三段上升比较的背离，属于隔波背离。

对于隔波的价线顶背离，逃顶要坚决，因为这样的顶不是小级别。

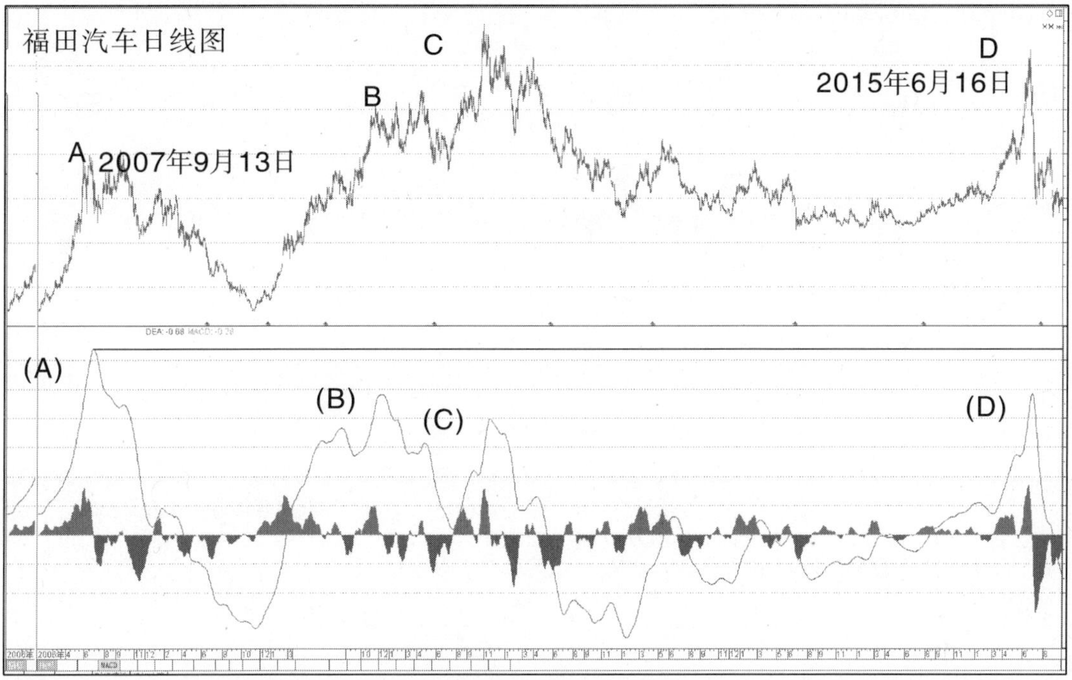

图 3—3—17

图 3—3—18 长春燃气（600333）也是一段漫长调整。(B) 处价高线低，背离。(D) 处价高线低，背离。(E) 处无法明确比较，但 DEA 指标线转向了，这也是逃顶依据。

背离容易判断，但不是每只股每段都会背离，如果没有背离就要依据 DEA 指标线，转向就逃，回头就跟。

图 3—3—19 江淮汽车（600418）这段走势有三处高点，三处都是背离后下跌。B 处价比 A 处高，(B) 处线比（A）处低，背离。D 处价比 C 处高，(D) 处线比（C）处低，背离。F 处价比 E 处高，(F) 处线比（E）处低，背离。

注意：图中的 DEA 指标线上画有一条平行线，(A) 点之后，DEA 指标线几乎都在这条平行线之下波动，所以走势没有大的起色。

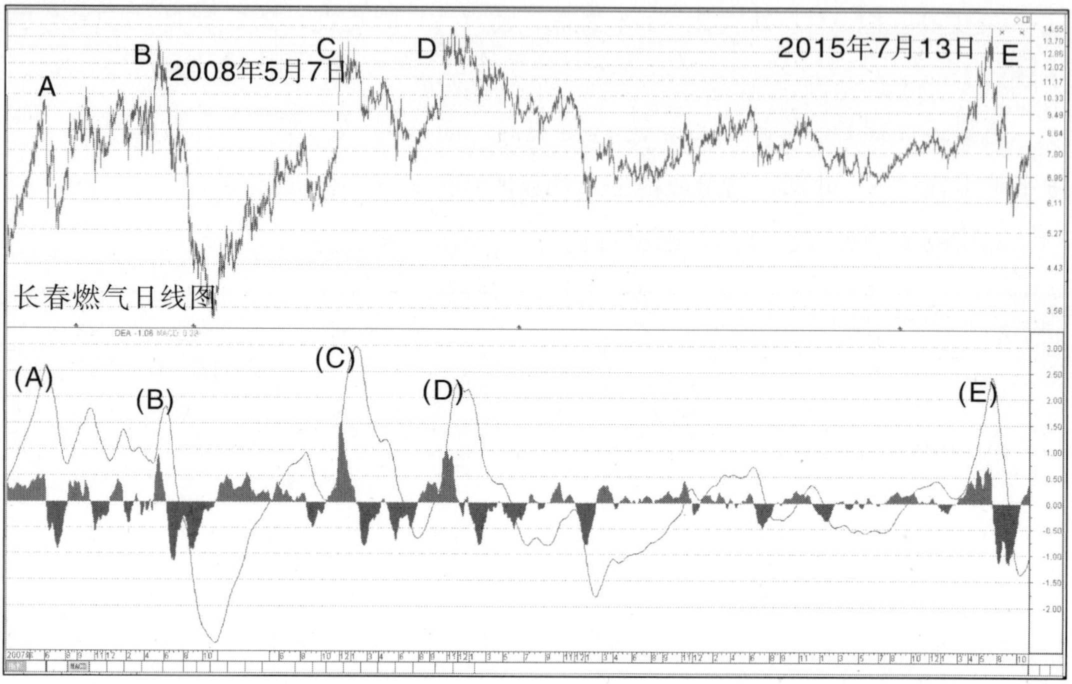

图 3—3—18

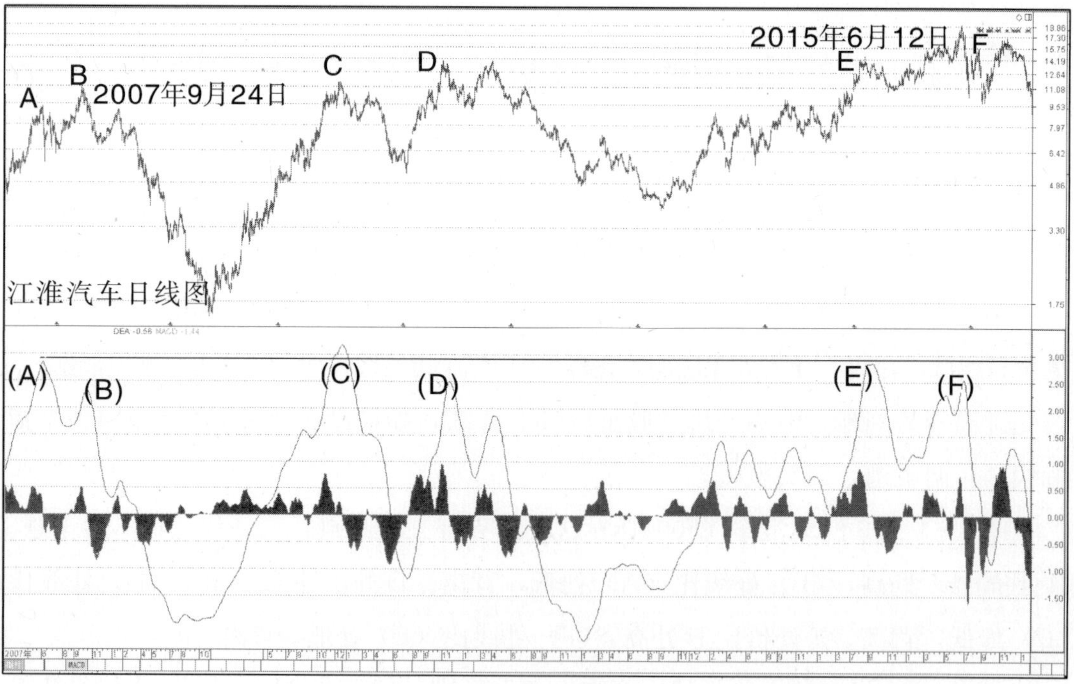

图 3—3—19

图 3—3—20 中兴商业（000715）这段走势与上一案例相似，也是三处明显高点。

A段价位最高点，指标线DEA也是最高点，但只有一个特征，价与柱背离。随后出现接近前高的次高点，此时价与柱再次背离，指标线（b）的高度大大低于（a），这是最后逃顶机会。

B段顶部价位略微比A段顶部低，但B与A是两个相邻段，虽然（B）段DEA指标线比（A）段低多了，但价线不匹配，不能视为背离。而对于B段，指标线（b）处对应的价比（a）处高，指标线（b）的位置比（a）低，这是本波背离，也是逃顶依据。

C段走势还在进行中，至截图时，DEA指标线尚未转向，指标柱也未背离，仍然保持升势。C段的指标线也标示有序号，（b）处对应的价最高，指标线（b）的位置比（a）低，背离。这个背离看似小，其实股价从高到低跌幅50%。标示（c）的地方，指标柱群在0轴上的规模还不小，预示后续还有发展。

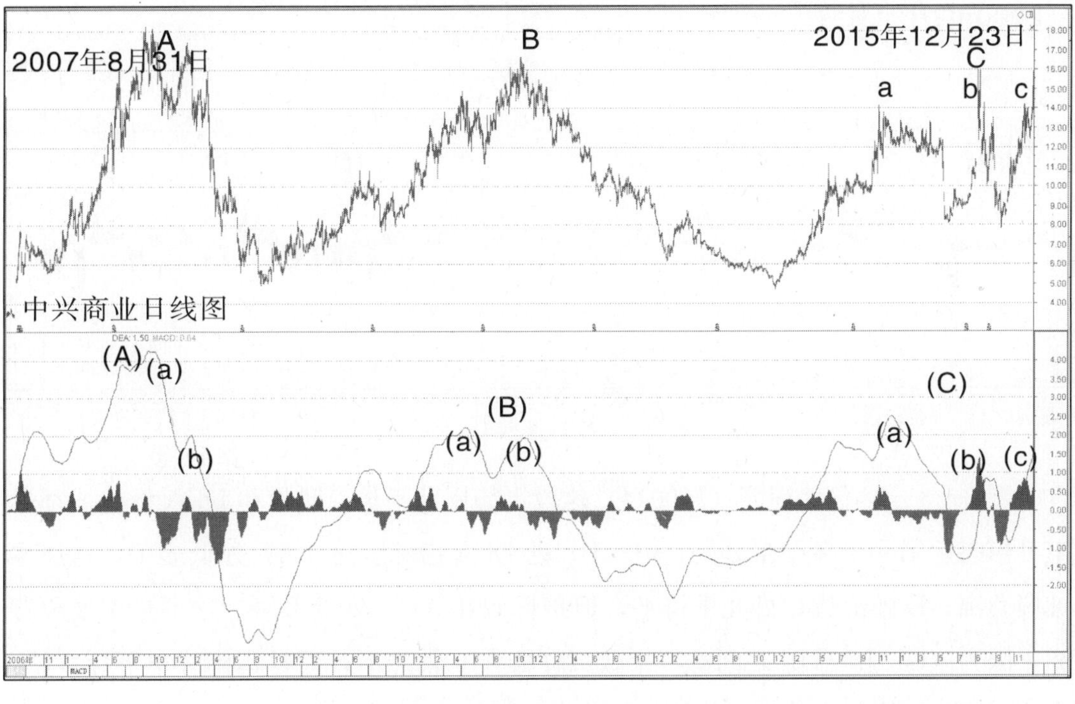

图3—3—20

图3—3—21南玻A（000012）这段走势与前面案例不同，自2000年以后，虽然有一段漫长下跌，但最终呈5段推动上升，三浪高点，一浪比一浪高。不过，若用波浪理论观察，却又不符合5浪推动上升的数浪原则。

魏氏指标在该股的图表中表现充分，DEA指标线的高点都是逐浪有序升高，呈完美的三波高点形态。而是不是波浪理论描述的 5 浪推动上升已不重要，因为在 E 段运动中，指标线超过（C）处，我们就知道价格会创新高。

此案例还有一个特点，每一波段高点之后，它都有规律地呈本波段背离形态。B 价比 A 价高，（B）比（A）线低，D 价比 C 价略低，（D）线比（C）线低多了，F 价比 E 价略低，（F）线比（E）线低多了。（C）处没逃顶，（D）处警告，（E）处没逃顶，（F）处又警告，每一次都能在高位出逃。

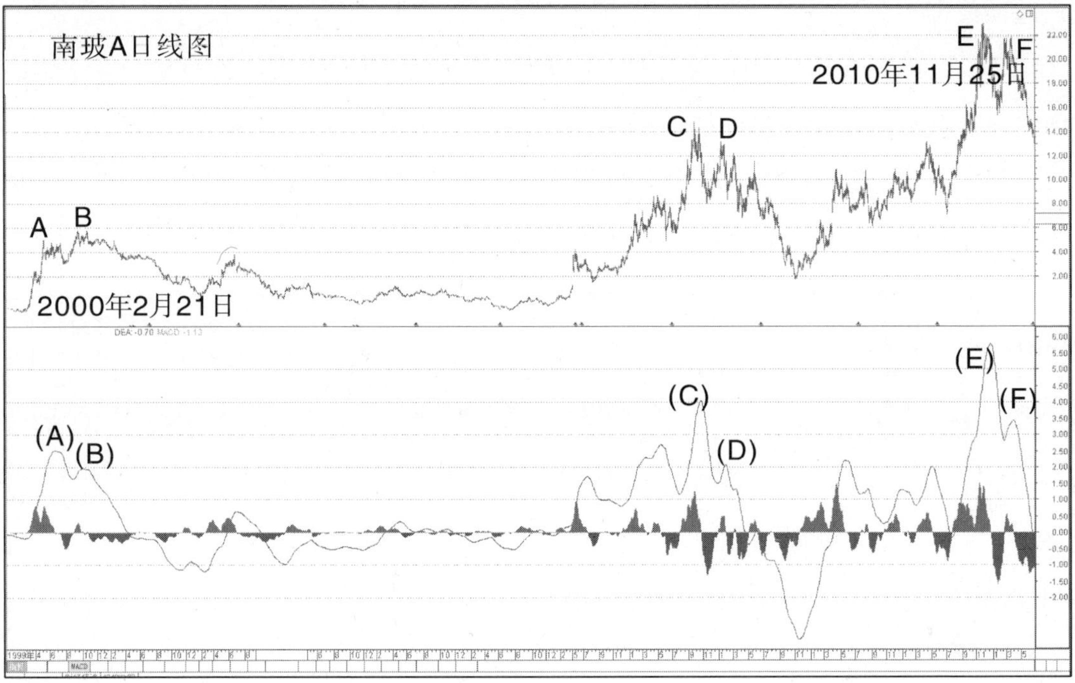

图 3—3—21

图 3—3—22 亿纬锂能（300014）这段走势周期不长，股价和 DEA 指标线都呈上升形态，第一个高点在 B 处，但（B）处 DEA 指标线比（A）处低多了，这属本波段背离。D 处价与 C 处几乎持平，但指标线比（C）处低多了，这不是本波段背离，因为（C）和（D）之间有一个较大柱群在 0 轴之下，而且指标线也下穿 0 轴。在这里逃顶还有一个依据，指标柱下降速度较快。

图 3—3—23 华谊嘉信（300071）这个走势与上一案例明显不同，股价呈上升形态，DEA 指标线却呈下降形态，B 处价比 A 高，指标线比（A）低，C 处价比 B 处略高，指标线比（B）处低，比（A）处更低，这种形态不可恋战。

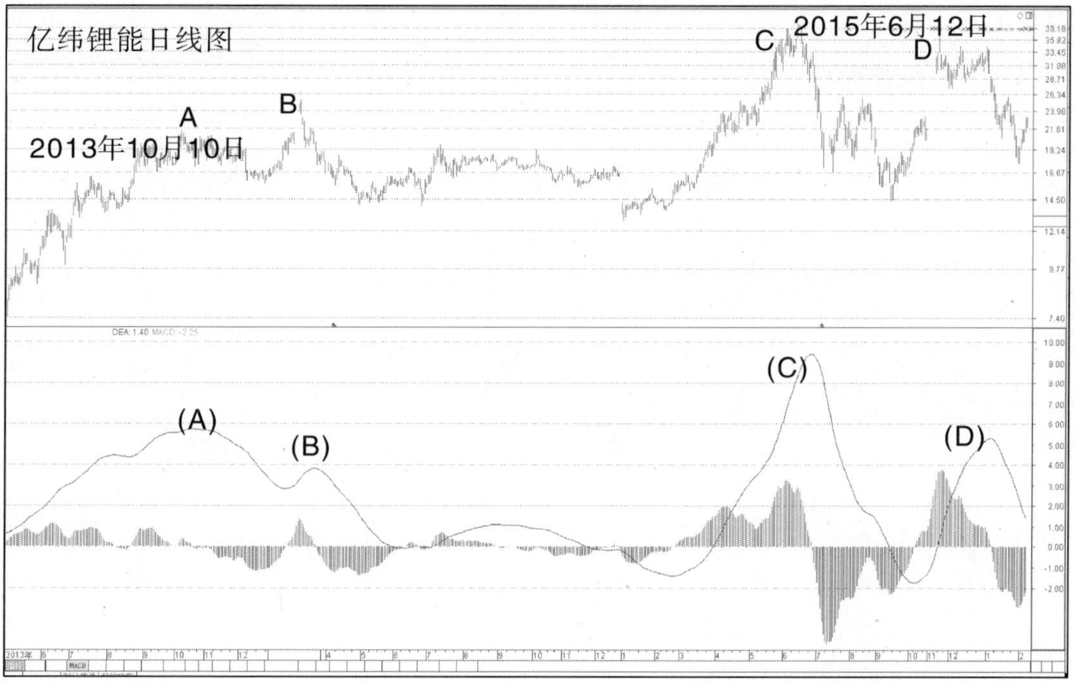

图 3—3—22

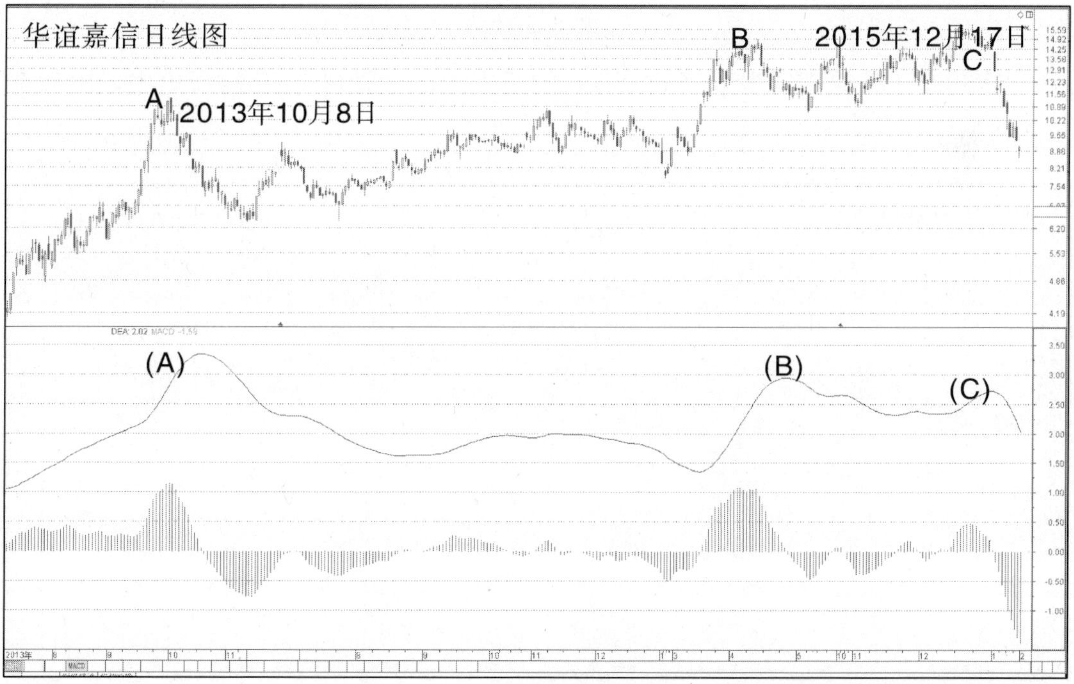

图 3—3—23

图 3—3—24 九安医疗（002432）与上一案例有相似处，A、B 两处价线均呈上升形态，C、D、E 三处价位上升明显乏力，DEA 指标线也现疲态，（D）（E）背离

迹象明显，该股自 2015 年 6 月之后快速下跌，随后的上升接近前高，但显然不是上升，只是反弹而已。

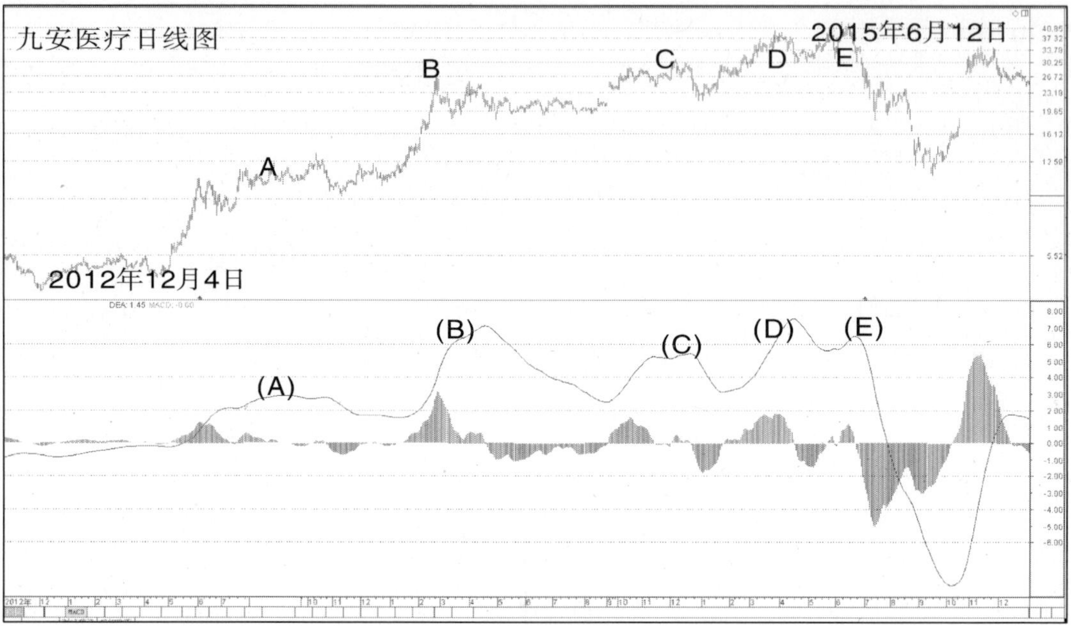

图 3—3—24

图 3—3—25 是铜峰电子（600237）的历史图，该股在 15 年的历史中，出现了三次高点。

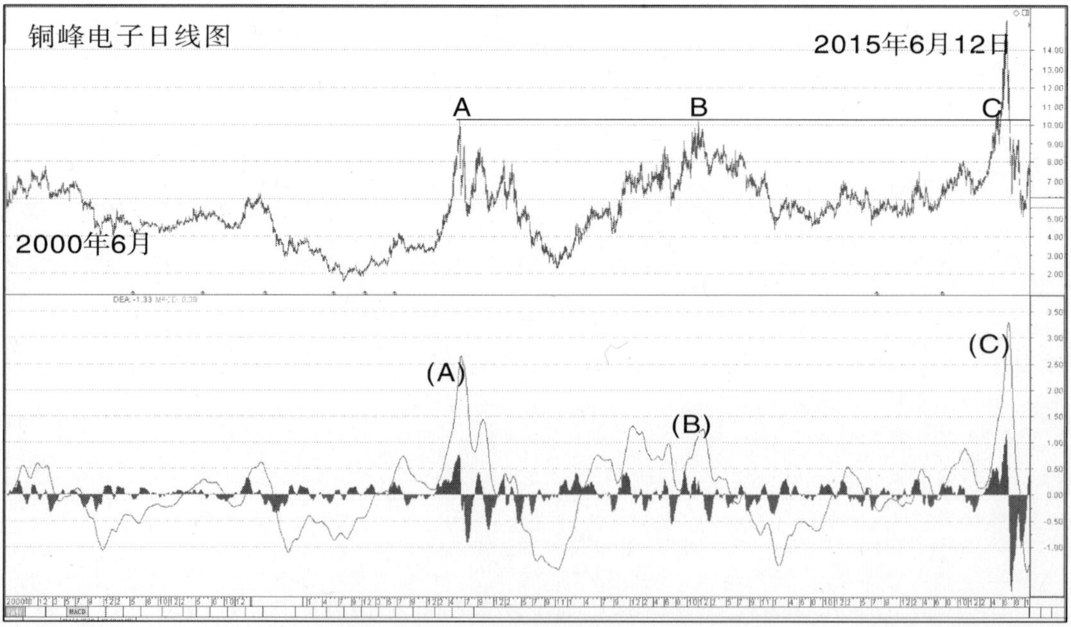

图 3—3—25

第一个高点A成了参照标杆，B处价与A平，(B)处指标线却比(A)处低多了，价线背离，容易知道这里是顶。C处价线都比A处高，DEA指标线弯头向下便可逃顶。观察DEA指标线逃顶不费吹灰之力。

图3—3—26是中船防务(600685)的一段历史图，股价在2007年10月是第一个高点，2015年5月26日是第二个高点，这里的价与前高平，DEA指标线比(A)处低，这个顶便确定了，逃顶也是件简单的事。

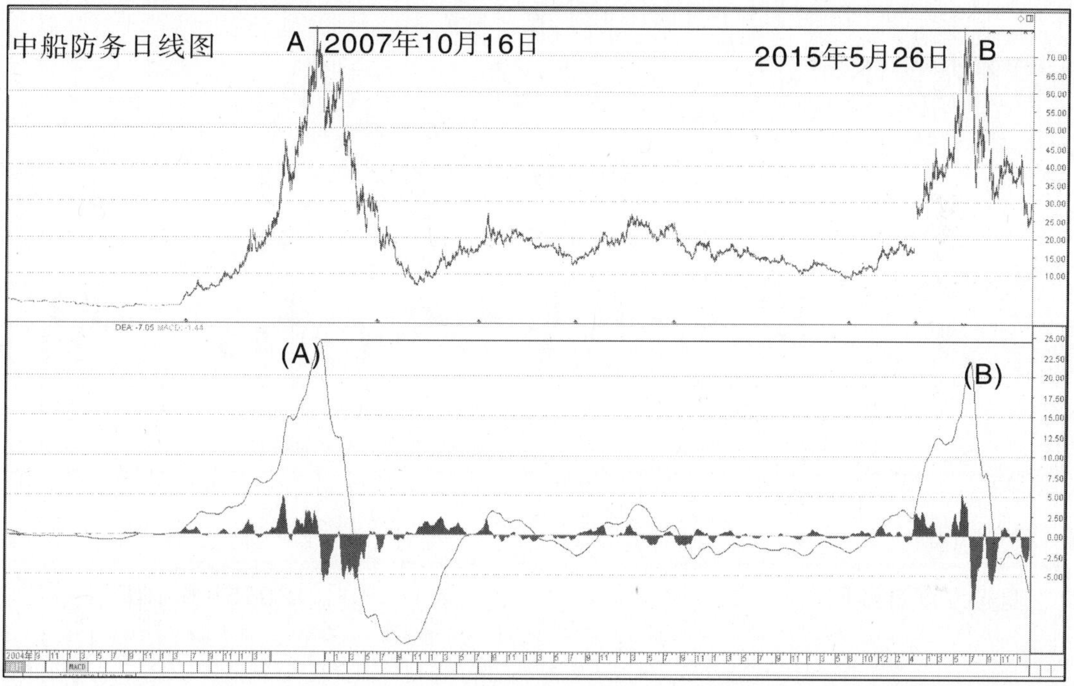

图3—3—26

图3—3—27是伊力特(600197)的历史图，从K线观察，走势很复杂，但从DEA指标线观察就简单了，B处价比A处高，(B)处DEA指标线比(A)处低，背离，逃顶。C处价比A处高，(C)处DEA指标线比(A)处低，背离，逃顶。E处价与D处平，(E)处DEA指标线比(D)处低，背离，逃顶。F处价与C处平，比A处高，(F)处DEA指标线比(A)(C)处都低，背离，逃顶。

这个案例多次出现背离，有本波段比较背离，还有波段与波段之间比较背离。这种看似复杂的K线走势，观察DEA指标线逃顶就很简单。

图3—3—28蓝光发展(600466)在图中有几段上升，走势爽快而不拖泥带水，但是看不出股价运行的什么模式，如果数浪则更难。A、B、C、D四个高点不呈上

升推动形态，A、C、D也不呈上升推动形态，但是除B点外，股价又一波比一波高。这种形态，用魏氏指标判断顶就起到关键作用，只要DEA指标线弯头就是顶。所以我认为魏氏指标可以适用任何运行模式。

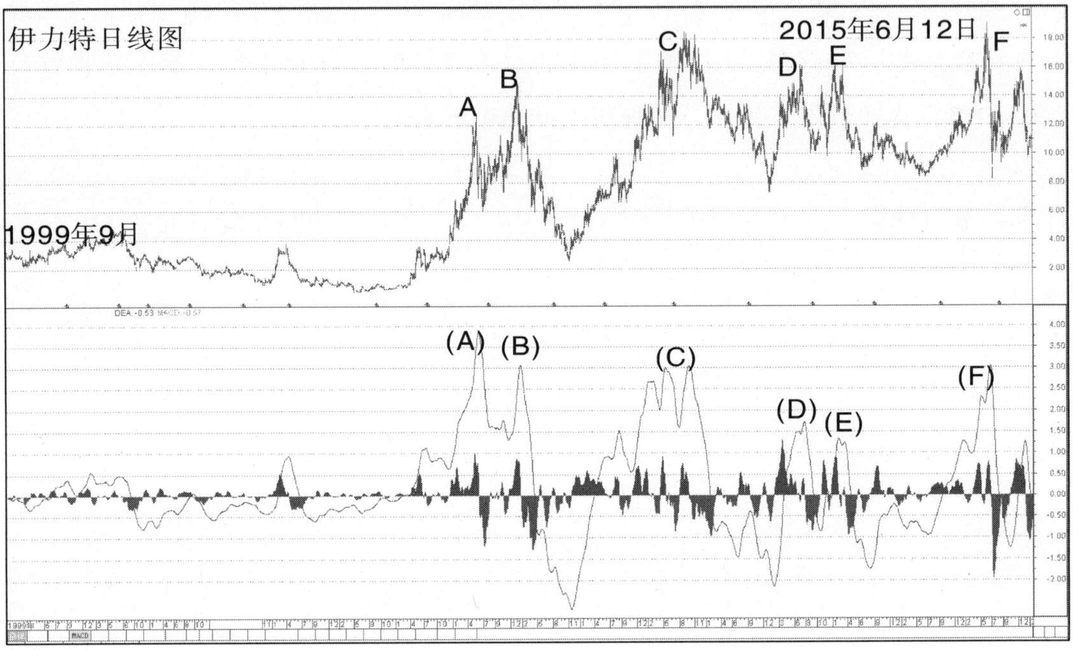

图 3—3—27

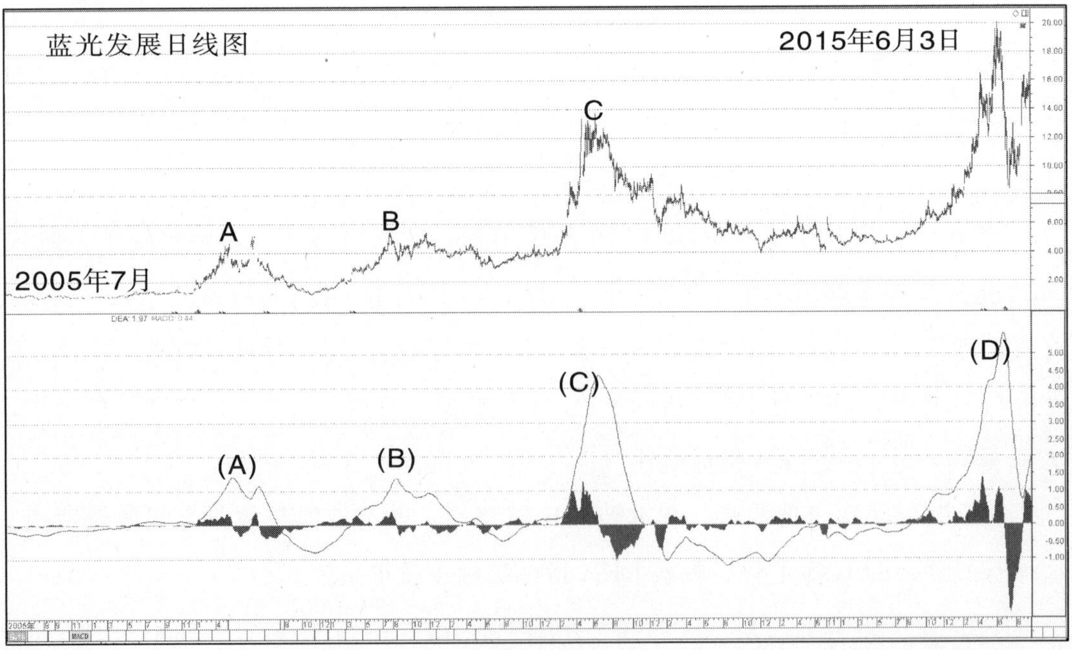

图 3—3—28

前面讨论的案例周期都相对较长，短周期也是一个原理。

图 3—3—29 得利斯（002330）在 2015 年 5 月出现高点之后，还出现 B、C 两个高点，三个高点几乎平行，而且 B、C 两段上升很凌厉，看似强势，但从 DEA 指标线观察，已是一浪比一浪低，这种形态，每一高点都不可恋战。

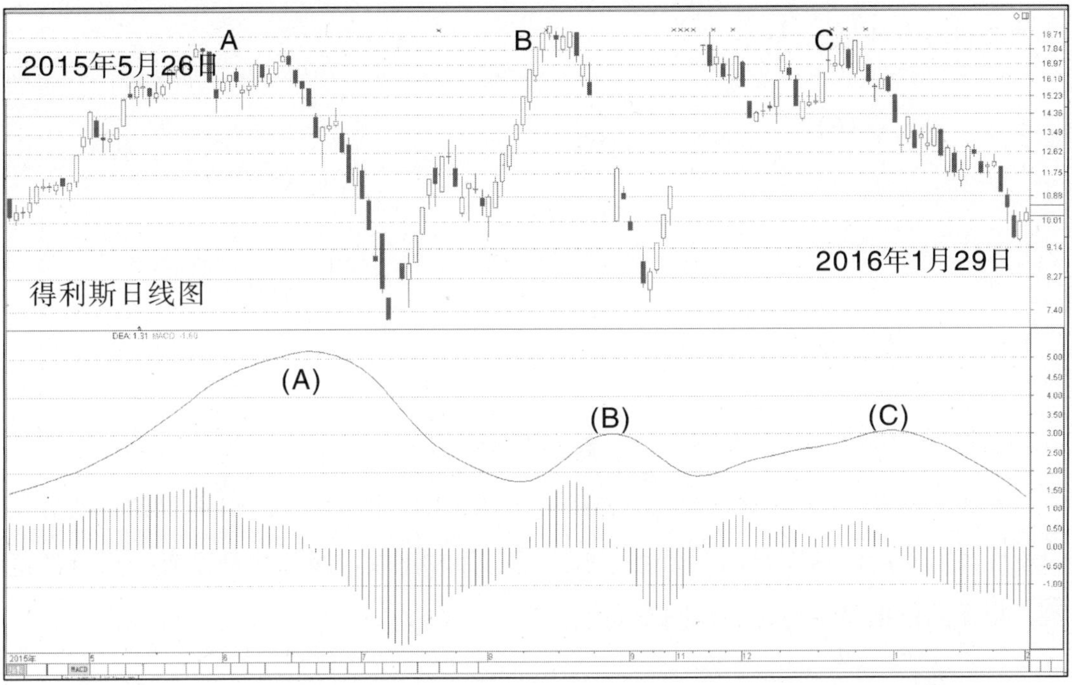

图 3—3—29

图 3—3—30 朗科科技（300042）也是一段周期较短的走势，也有三处平行高点，B、C 两处价与 A 处平，DEA 指标线却比（A）处低，背离迹象很明显。

从图中标示时间可看出，大盘在低位时，该股股价却在高位，看似强势，前面说了，这种形态每一次高点都应毫不犹豫出局，该股后来的发展是上是下，只需跟随 DEA 指标线观察即可判断，只有价线都超前高才能确认是上升。

前面案例我们讨论的是依据各种背离形态逃顶，如果没有背离形态怎么逃顶呢？

其实，市场变化的所有情况都反映在线、柱上。背离形态暴露的是人的动机和力量，实质仍然是线、柱的情况，因为买卖力量的强弱表现在柱，资金流入与流出之比的结果表现在线。因此，依据线、柱形态同样能判断逃顶机会。

图 3—3—30

图 3—3—31 是中青旅（600138）的一段历史图，图中有 A、B 两处顶，两处顶的股价高点对应的魏氏指标，无论是本波还是邻波比较，线和柱都没有一点背离迹象，判顶的依据是价与柱、线同步向下。

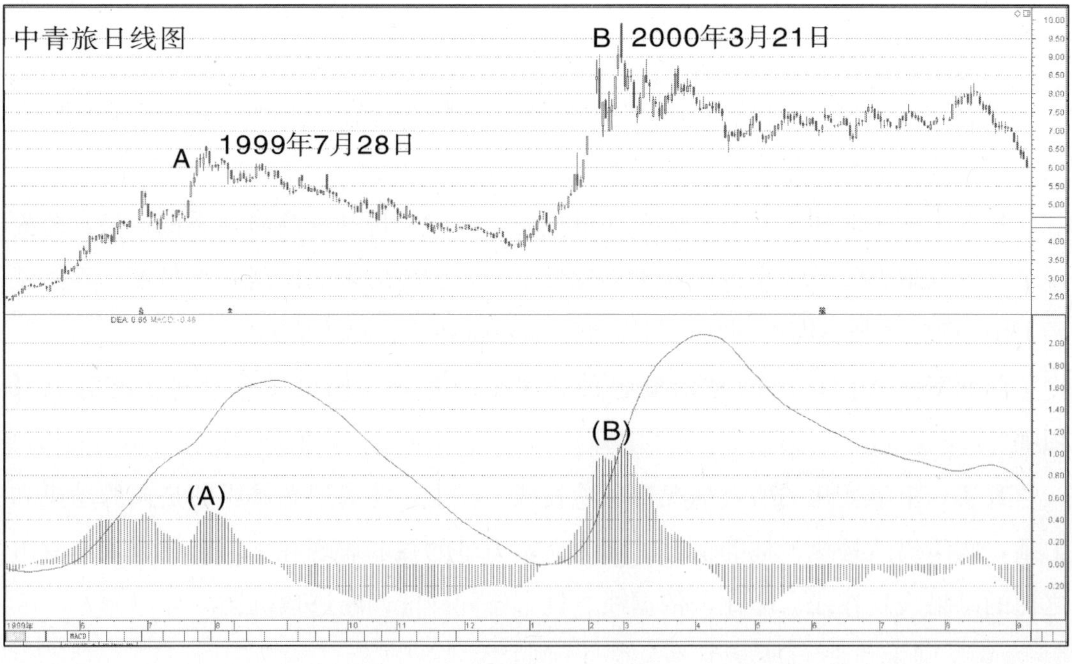

图 3—3—31

注意观察指标柱，（A）（B）两处都是最高那根柱是最高价，随后下跌的每一根柱都呈梯次下降且幅度较深。图中指标柱的反映比指标线快一步，就算在最高点没下决心逃离，在指标线转身向下时逃离也是不错的选择。

图 3—3—32 金发科技（600143）这个顶是截图时刚刚过去的一个顶，这个顶具有代表性。在 2015 年 6 月，很多股的下跌都呈这种形态，此前毫无征兆，从高点向下没有犹豫。第一反映是指标柱，每一根柱的下降像向下的台阶，每天矮一步。这种情形，逃离也不能犹豫。随后指标线也弯头向下，彻底打破上升的幻想，这时再不逃就是你的错。

图 3—3—32

魏氏指标的最显著特点是，指标柱的上升下降很规整，买卖强弱首先从指标柱表现出来，相对时间段资金流向从指标线表现出来，用柱、线结合观察，逃顶是件不太难的事情。

第 4 节 均线逃顶法

我在前一部分均线抄底法中说，均线设置很科学，用不着修改。不管你怎么改，运行规律都不会变。但有两个建议，一是观察走势只保留 K 线图，忽略其他指标，视觉印象更深，让你更专注。二是只保留 5 周 20 周线、5 日 20 日线，让形态更清晰。MA20 是趋势，MA5 是波动，严守纪律，上升时贴线买，下降时贴线卖。遵循此法，不贪不惧，机会常在。同时，还建议只选择一种模式，周线或日线，二者择一，不可混用。

这一节的案例也是选择板块中代码排序在第一位的股票讨论。

一、周线逃顶

图 3—4—1 是靖远煤电（000552）的一段周线图，自 2009 年 7 月至 2016 年 1 月，这段周期的大盘包括一段下降和一段上升，对于均线操作模式具有典型性。

靖远煤电是煤炭板块，这个板块在这段周期中，是表现较弱的板块。该股这段走势是横向震荡，图中买卖点都标出箭头。总共有 8 次交易机会，其中 1、4、6 次赢利较丰，2、3、8 次无法获利，稍微犹豫还会亏损。尤其第 7 次，当你发现 5 周线弯头向下时，跌幅已经很深，随后给了一次贴线出逃的机会。

所谓贴线，就是当 5 周均线开始下降时，观察 K 线图左上方 MA5 的均价，在股价略为低于均价时卖出。靖远煤电这段周期中有 8 次卖点，其中 1、2、5、7、8 次的下降都很凌厉，仔细观察这 5 次，都有贴线卖出的机会。

评估 8 次交易，5 胜 3 平。

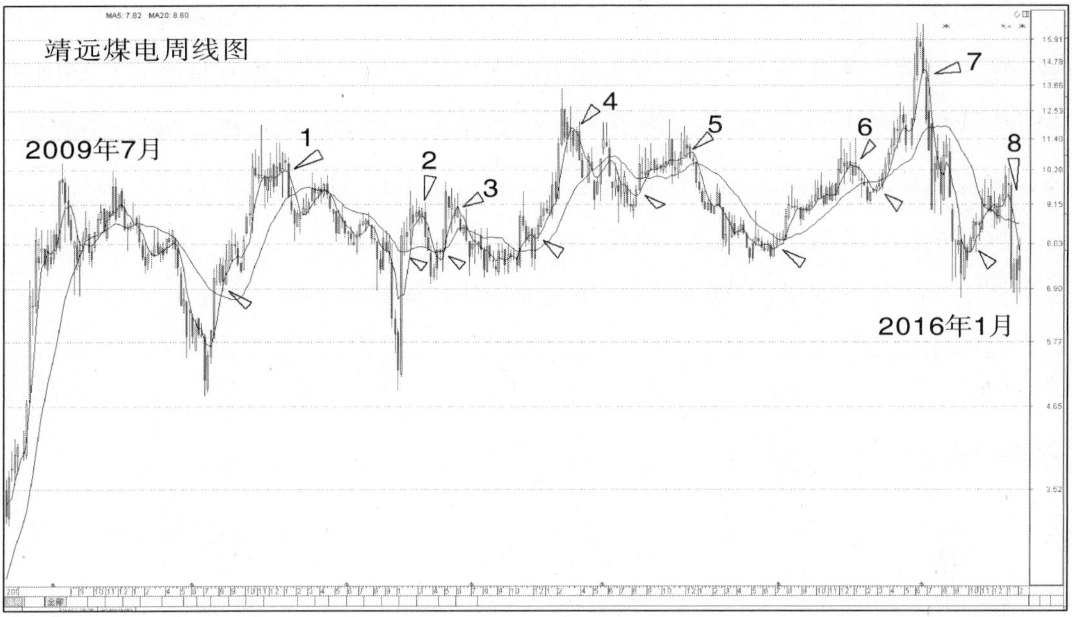

图 3—4—1

这一节所有案例都是相同时段。

图 3—4—2 深圳能源（000027）属电力板块，电力板块在这段周期表现好于煤炭板块。深圳能源自 2009 年 8 月以后是一段下降趋势，但是在走势运行过程中，你无法知道股价会这么走，每一次的次要上升都可能迫使你参与。

图 3—4—2

该股在下降段有5次交易机会，5次机会没有风险，相应的赢利也菲薄。其中第一次买进后，还有一个5周线弯头向下的形态，那里为什么没有标卖点？是因为5周线下方的20周线已有上拐迹象，我前面说了，MA20是趋势，MA5是波动，所以卖点后移。该股出现第6个卖点之后，买点标示在MA20线也是这个道理。

评估这段的7次交易机会，全胜。

图3—4—3华锦股份（000059）属石油板块，同样是下降一段上升一段。

图3—4—3

该股的波动剧烈，下降段有5次交易机会，上升段有3次交易机会，其中第5次买进就亏，卖了又买，看似重复操作，其实不然。卖的理由是MA20在下降，卖了又买的理由是，股价的下降幅度很深了，从波段形态看已有7段，接近尾声，这种时候，只要图形出现买点，高买也要买。

该股第7、8两个卖点，从图形看是直线下跌，似乎没有贴线卖的机会，其实放大图形看仍有贴线卖的机会。不过，像这种下跌凌厉形态，因为MA5弯头快速坚决，次日开盘前，要毫不吝惜把卖价首先打在跌停上，不顾一切出逃。尤其第8次交易，平局也算不错。

评估这段交易，6胜1平1亏。

图3—4—4 山东地矿（000409）属钢铁板块，钢铁板块是2008年以后表现弱势的板块。山东地矿尚属板块中的强势，2009年以来这段走势，有7次交易机会，其中第2次平局。为什么这次卖点要后移呢？也是因为MA20线在上升，到箭头2时，MA5线下穿MA20线，当然出局不犹豫。

评估这段交易，6胜1平。

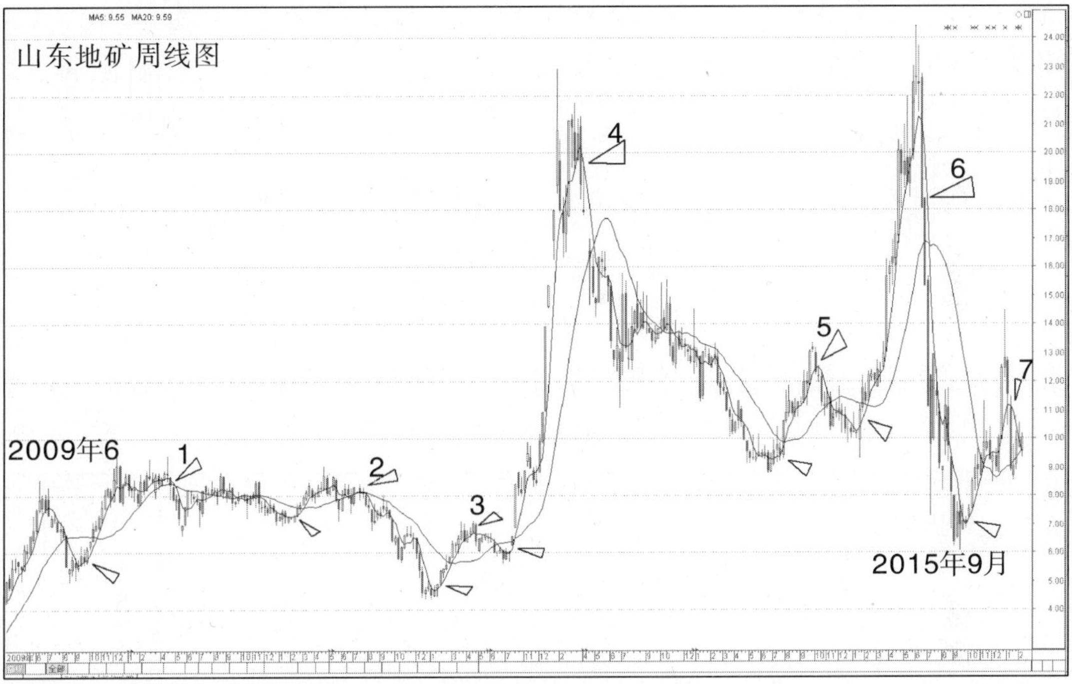

图3—4—4

图3—4—5 中金岭南（000060）属有色板块，这个板块也是2008年以后表现弱势的板块。2009年以来这段走势，有6次交易机会，其中第4次之后有个买点，也是标示在MA20线。该案例6次交易全胜。

图3—4—6 吉林化纤（000420）属化纤板块，该板块2009年以来这段走势强于前面几个板块。图中的这段走势标示了5次交易机会，其中第3次是连续操作，卖了又买，卖的理由是MA5线下穿MA20线，买的理由是图表形态是底部特征，只要出现买点形态就应毫不犹豫。该案例的交易是4胜1平。

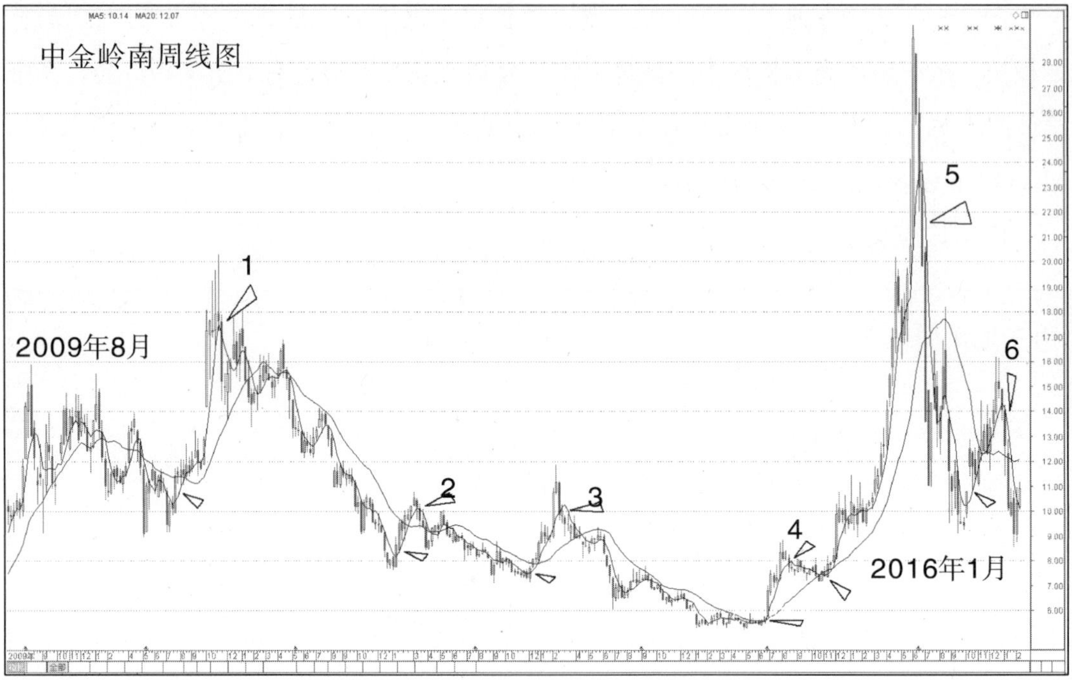

图 3-4-5

图 3-4-6

图 3-4-7 川化股份（000155）属化工板块，自 2009 年至 2016 年 1 月，有 7 次交易机会，第 6、7 两次逃顶较难，因为股价直线下跌，没有贴线卖出的机会，

这种情况怎么操作？前面说了，凡是这种 MA5 线转向且急而陡，次日开盘前就把卖价直接打在跌停价上，买卖规则是价格优先，排队在前总会有机会出逃。该案例 7 次交易机会，至少是 6 胜 1 平。

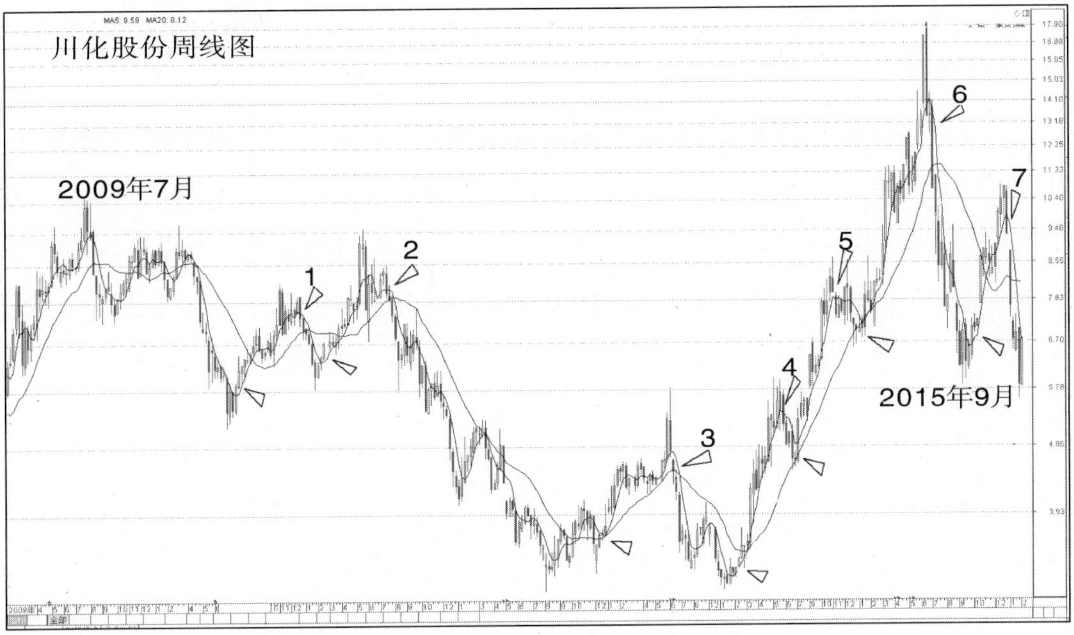

图 3—4—7

图 3—4—8 南玻 A（000012）属建材板块，这只股走势不同。

图 3—4—8

图中标示 3、4 之处是高位，而大盘在 2015 年高位时，该股却不如前高。这段走势有 9 次交易机会，前 8 次都有贴线卖出机会，第 9 次没有，当发现 MA5 线弯头向下时，股价已连续快速下跌。9 次交易可能会有 1 次亏损。

2009 年以后的很长一段时间里，前面几个板块基本属于弱势板块，我特别选一个强势板块——互联网。

图 3—4—9 海虹控股（000503）就属互联网排序的第一只（截图时），该股虽在互联网板块不属最强势，但也具有代表性。图中这段走势中有 7 次交易机会，其中第 4 次是卖出后马上又买进，而且是低卖高买，而买进后就开始下降。事后看是一次多余动作，但在走势进行中无法预知后势。卖出理由是 MA5 线下穿 MA20 线，买进理由是 MA5 线上穿 MA20 线。尽管是无功操作，但是坚持一种模式，严守一种纪律，是必须具备的好习惯。

评估这段交易，6 胜 1 亏。

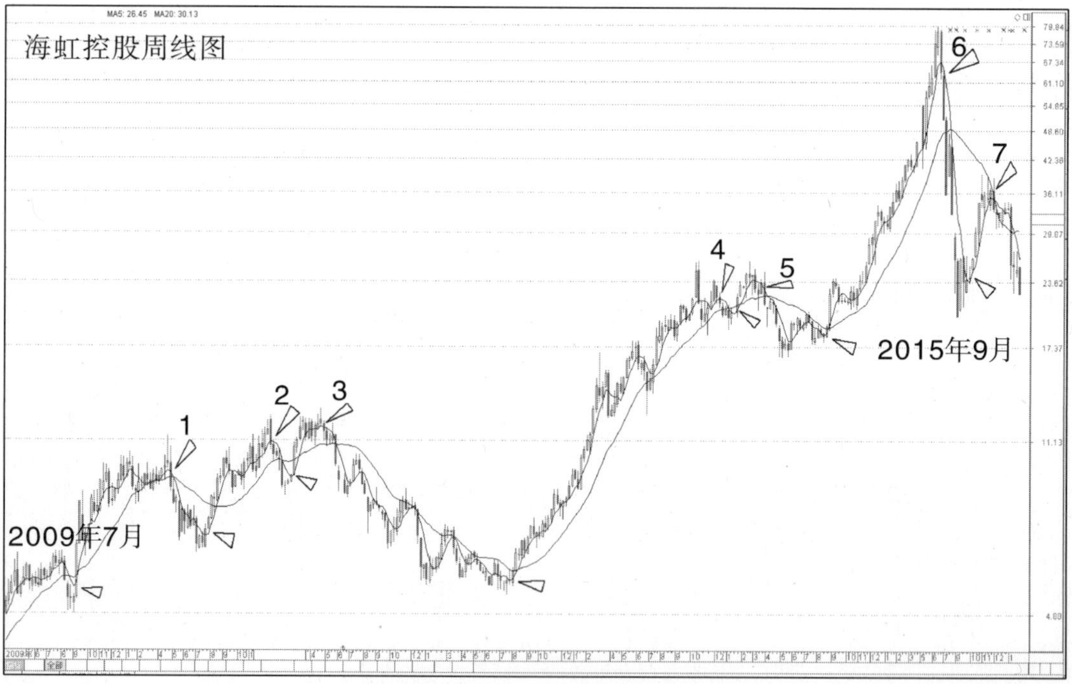

图 3—4—9

创业板是 2012 年之后表现最抢眼的一个股票群。图 3—4—10 华谊兄弟（300027）是创业板中表现比较突出的一只股票，这期间，文化振兴概念板块的表现也很强劲，华谊兄弟也属文化振兴概念板块。

该股自2010年至2012年是一段平行波动，这种走势无法知道什么时候起涨，迫使要在每个买点跟进，这一段走势有3次交易机会，后来的主升浪有4次交易机会，比调整浪还多出1次，这说明了模式交易的重要性。没有这种模式交易，第7段上升就很难捕捉。

评估这段交易，总共7次机会，7次全胜。

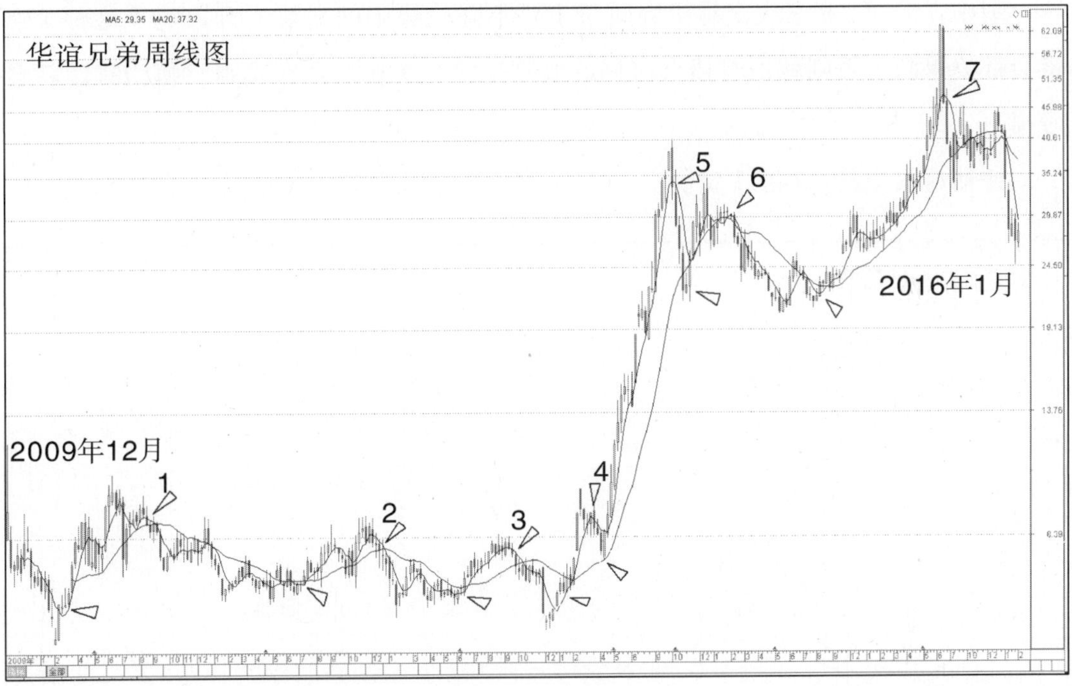

图3—4—10

二、日线逃顶

前面讨论的是周线逃顶，下面我们讨论日线逃顶的案例。实质上，日线逃顶与前面的案例一样，只是K线图级别不同。由于K线图级别小一些，以日为单位的K线就比以周为单位的K线多一些，为了便于观察，我把截图的周期缩减，大约截取周期为一年半的时间。在一年半时间，也有一段上升和一段下降。

图3—4—11是靖远煤电（000552）日线图，这一段走势有8次交易机会。2014年6月至2015年6月这段是上升趋势，交易次数达5次，按理说在上升趋势中不宜频繁操作，但是既然是确定一种模式，就当依此而行，不宜朝三暮四坏了规矩和习惯。借此给个建议，确认趋势上行，选择周线模式，以免错失主升段。确认趋势下行，选择日线模式，以免铸成大错。

在靖远煤电这一段走势中，如果在卖点 2 之后的买点买入，就会发现买入之后 MA5 线很快弯头，但为什么没标卖点呢？因为 MA20 线的趋势没变，振荡低点也没低于买价。另外，卖点 4 之前还有一次 MA5 线弯头，但是当发现时已无贴线卖出机会，低点又正好在 MA20 线上，随后价位又站上 5 日线。卖点 4 的地方，走势与前相似，不同的是，5 日线弯头后，股价还有几次上冲过线的机会。

图中，6、7、8 三次交易机会属于主要下降趋势中的次要上升，对于这种卖点机会都要果断，否则就没有机会出局。尤其是第 6 次和第 8 次卖点，稍为犹豫就会亏损。

评估这段交易，7 胜 1 负。

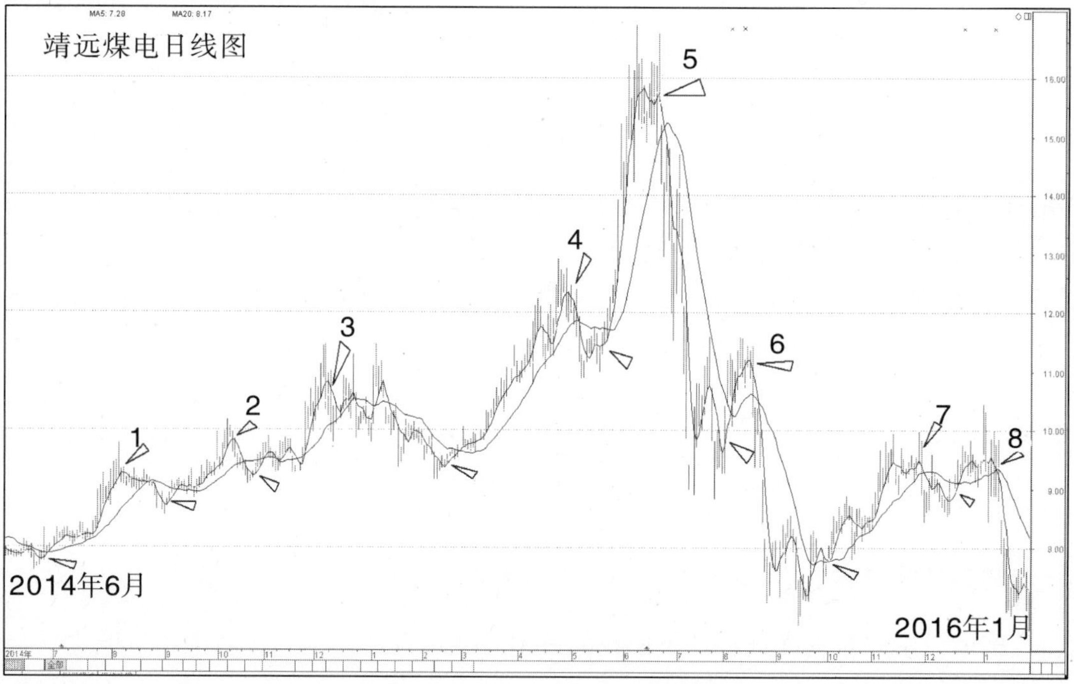

图 3—4—11

图 3—4—12 深圳能源（000027）图中的走势有 7 次交易机会，7 次交易全胜。电力板块在 2015 年这波上升行情中，属于表现较好的板块，所以在上升过程中的走势比较明朗，不像煤炭板块犹豫迟疑。卖点 3 的理由是 5 日线下穿 20 日线，不知道是上升结束还是小调整，因为形态也是上升 3 波 5 段，所以出局观望为好。之后股价又跳起站上 5 日线，5 日线又上穿 20 日线，这时买进价已高于卖出价，心理上难以接受，如果稍为犹豫更不敢买，就会眼睁睁错过一段快速主升浪。因此，一

切按模式操作，该进则进，严守规矩。

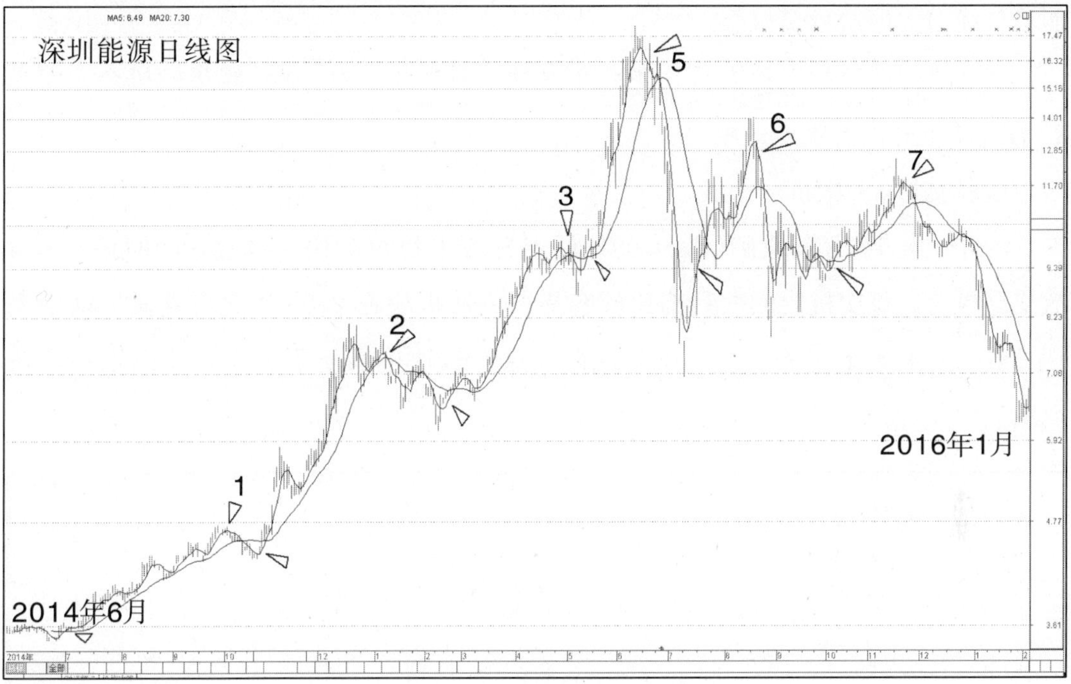

图 3—4—12

图 3—4—13 华锦股份（000059）的上升段虽然凌厉，但是形态难以捉摸。

图 3—4—13

该股 2014 年 6 月上行以后，第 1 段极为快速，第 2 段又频繁波动，这种走势反而给日线模式创造很多机会。

第 2 段的波动如果精细看，还有几次贴 5 日线卖、贴 20 日线买的机会，因为 20 日线的上升没有犹豫迹象。

这段交易，7 次机会全胜。

图 3—4—14 山东地矿（000409）的上升段走势很爽快，该股这个时段只有 4 次交易机会，每次机会的获利都比较容易。钢铁板块在 2009 年之后这段周期中表现一般，基本属于弱势板块，山东地矿在这个板块中属于强势了，所以走势比较明朗。

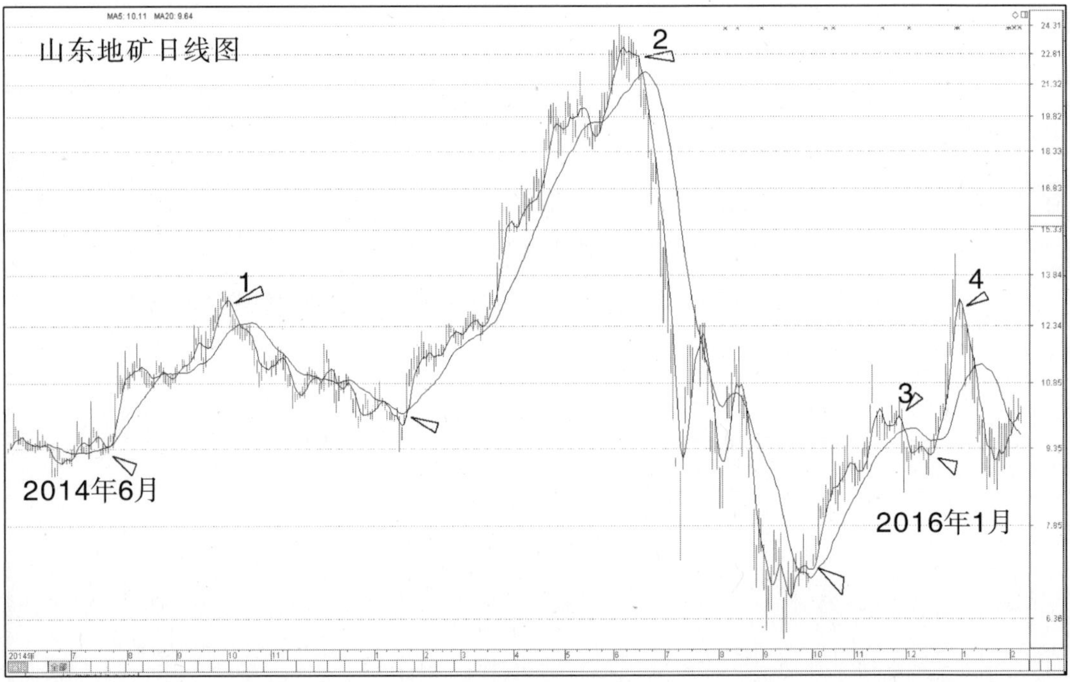

图 3—4—14

在 4 次交易机会中，第 2 段涨幅最大，卖点也稍纵即逝，稍为犹豫，看见的利润就会化为泡影。当发现 5 日线弯头时，没有贴线卖的机会，走势一路向下毫不停留。这段下跌在 A 股历史上让人记忆最深，千股跌停，史上罕见。对于日线模式贴线卖的策略也不能太机械，像山东地矿图中标示的第 2 卖点，5 日线在高点弯头向下，时间快速，弯头角度很小，形态陡峭，可以看出卖方态度坚决，如果错过贴线卖出机会更不应再等待，果断卖出是上策。

图 3—4—15 中金岭南（000060）属于有色板块，2014 年 6 月之后随大盘走出一段上升。在这段上升中，标有一条横线的地方，走势徘徊，该股那时刚上升一小段，大盘趋势也在向上，所以没有标示卖点。第 2 卖点之后，刚发现 5 日线向上，却马上又出现低点，所以在 20 日线上才是买点。

中金岭南这段走势有 5 次交易机会，可以算作全胜。

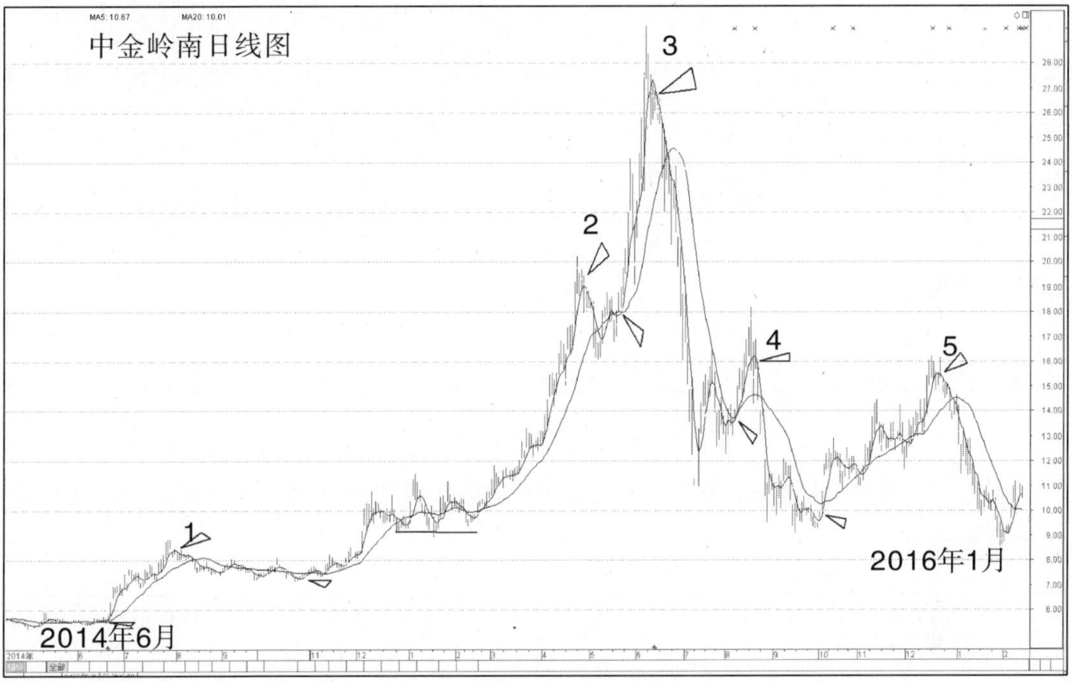

图 3—4—15

图 3—4—16 吉林化纤（000420）这段走势就复杂多了，相同时段，交易机会就达 9 次。虽然走势零碎，但每一次都有贴线买卖机会，看似走势复杂，模式交易却很简单。只有第 9 次交易困难，快速下跌之后，股价又快速上升，虽有贴线买卖机会，但没有利润。

在调整走势中，凡是快速上升都得小心，尤其是 5 日线突然转向，甚至不给你贴线买机会，这种上升宁愿放弃，因为多数时候是陷阱。

吉林化纤这段走势，9 次交易机会，8 胜 1 平。

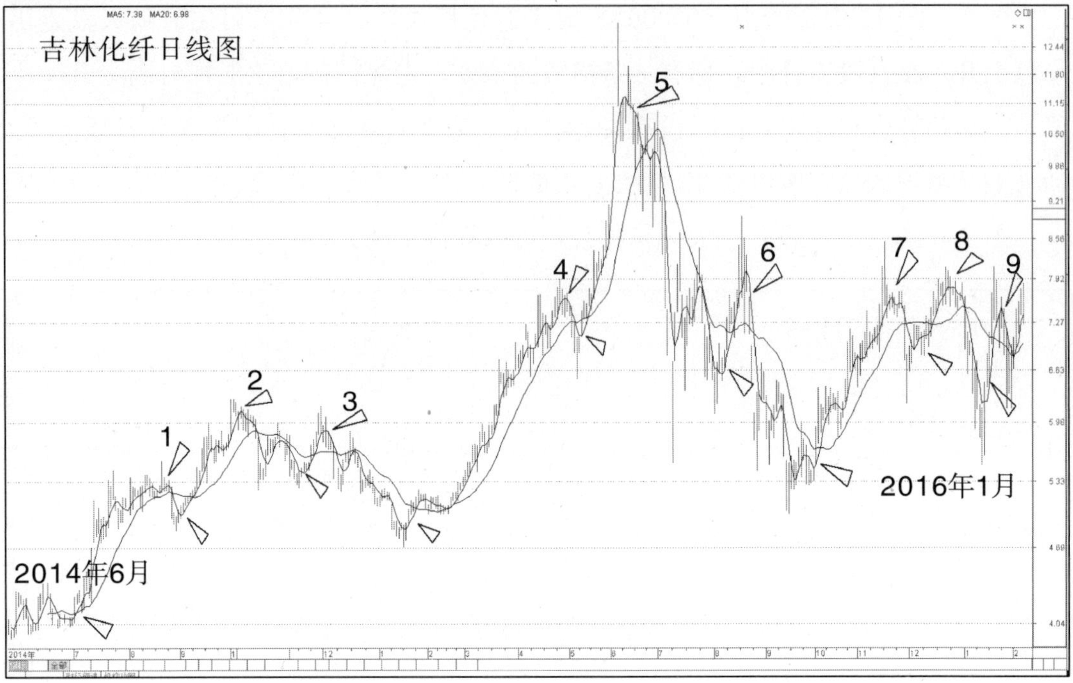

图 3—4—16

图 3—4—17 川化股份（000155）图中这段走势也很零碎，但是每一次都有贴线买卖机会。

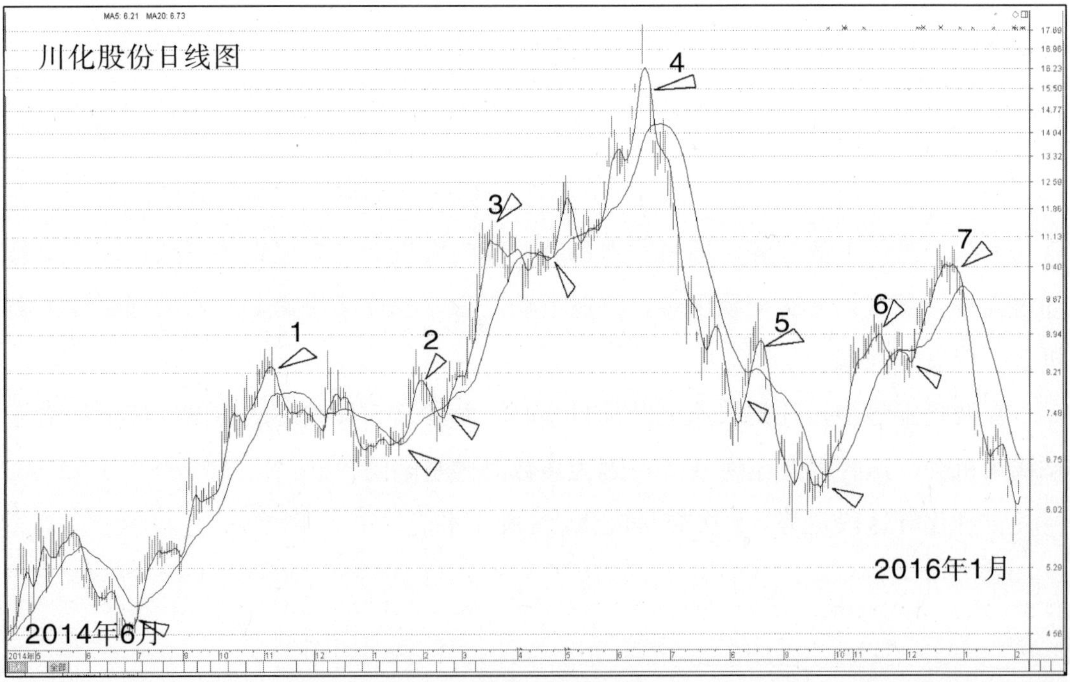

图 3—4—17

其中第3次卖出后，又出现贴20日线买进机会，不过，买进后很快又跌，5日线弯头角度还很小，为什么没标示卖点呢？因为20日线还在上升。前面说过，20日线是趋势，5日线是波动，只要20日线趋势不变，股价就还会上升。

川化股份这段走势有7次交易机会，虽然每次获利不多，却是全胜。

图3—4—18南玻A（000012）这段走势又不同，上升段简单凌厉，只是在上升初期步伐细碎，但趋势向上，而下降段波动剧烈。

借此股走势顺便说句策略话题。我在《趋势与拐点》和《一招制胜》两书中都说到，人有人性，股有股性，股是人在操作，所以，股性其实就是人性。还说到一个特点，一个股票群，多数的上涨下跌目标一致，但是运行走势不同。

2014年6月之后，大盘上升趋势确立，很多股走势凌厉，南玻A却蹒跚而行，如果急不可耐放弃，就丧失了后来的凌厉上升机会。

南玻A这段走势，第3次交易失败概率大，4胜1负。

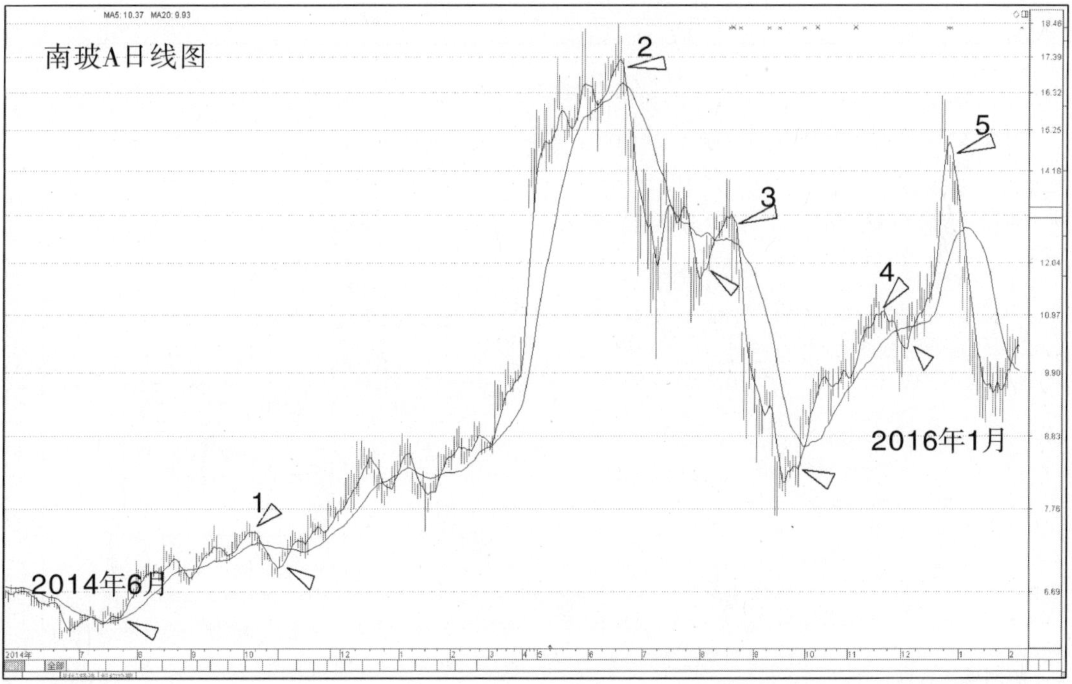

图3—4—18

图3—4—19海虹控股（000503）是这段周期中的强势股，只有3次交易机会，愈是强势，交易次数愈少。海虹控股第2段上升，虽然不断波动，但一个鲜明特点是，20日线始终向上，而且角度陡峭，这是强势股的重要特征。一波上涨或下跌，

趋势的角度决定其升或降的速度和幅度，这是一个极其重要的判断依据。

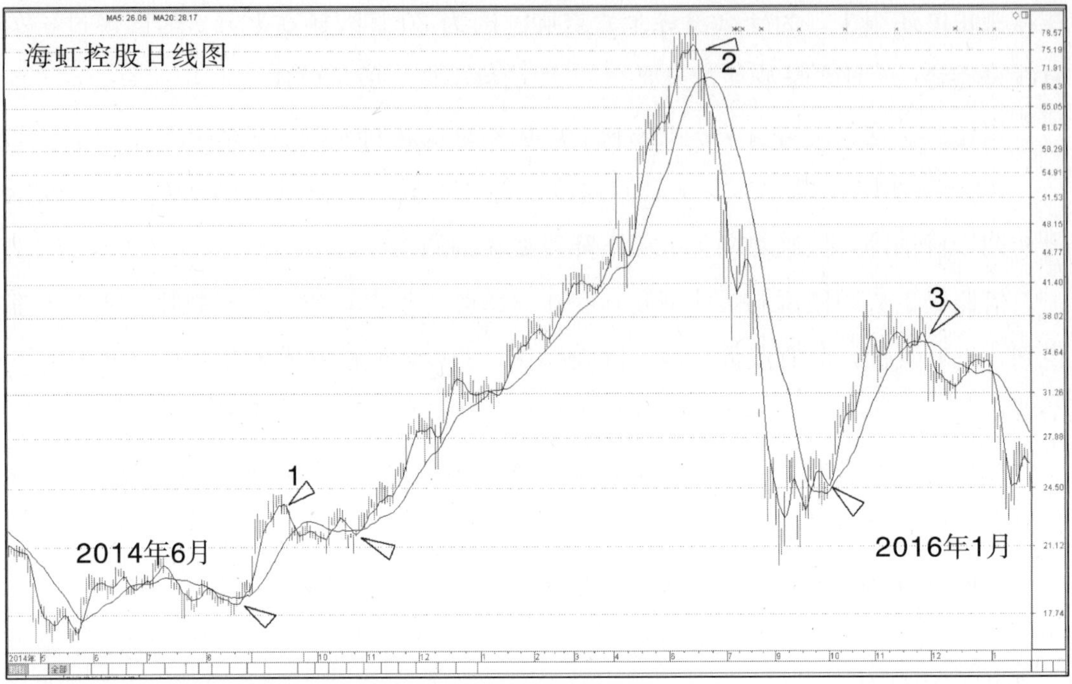

图 3—4—19

图 3—4—20 是华谊兄弟（300027）的一段走势图。

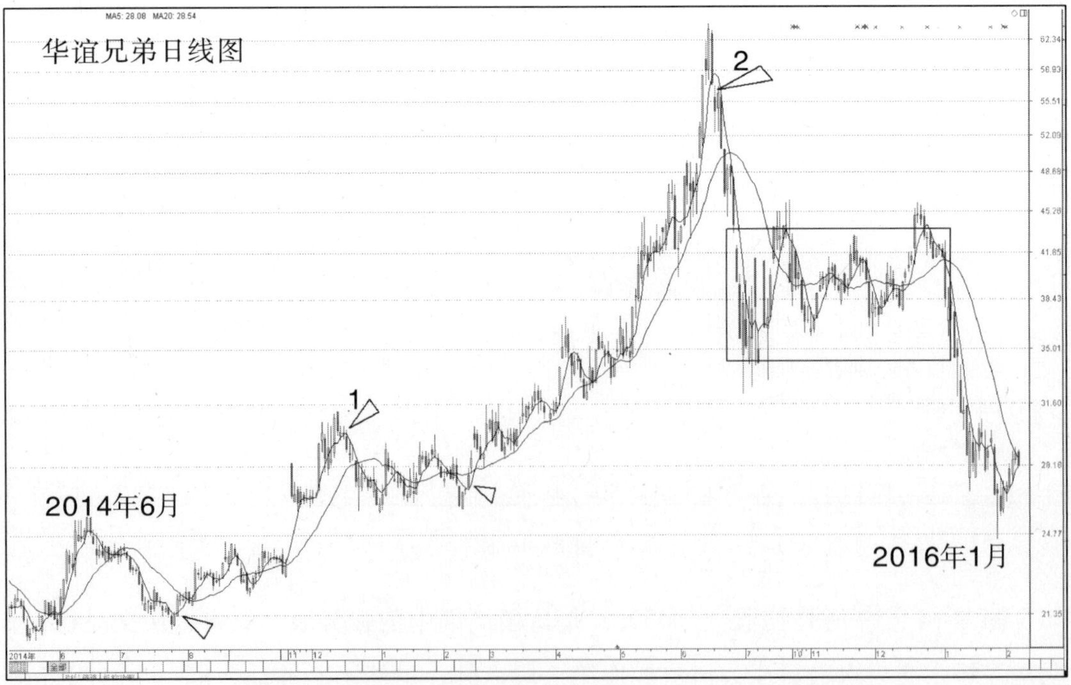

图 3—4—20

该在 2012 年 12 月起涨后走出一波主升浪，2014 年 7 月之后的上升段属于尾声，所以走势不那么爽快，波动很频繁，但是趋势方向明确，20 日线向上，坡度还比较陡峭，因此在这段走势中只有两次交易机会，是本书案例中交易机会最少的一只股。

图中有一个方框，方框中这段走势耐人寻味，操作十分困难，赢利很难。像这种走势宁愿放弃，等待也是利润。前面说过，对调整趋势中的剧烈波动小心为是，谨防陷阱。

从这一节讨论中你会发现一个特点，所有买点都不是最低点，卖点也不是最高点。5 日线上升后不用慌，几乎都有贴线买入机会，如果没有贴线买入机会，只有两种情况，一是牛股连续涨停，不给你机会。二是诱多，反而不能买。逃顶正好相反，几乎都有贴线卖出机会。如果没有贴线卖出机会，也只有两种情况，一是连续跌停，不给你出逃机会。二是杀多，反而不能卖。20 日线是上升保障线，20 日线不向下就别慌。

第 5 节 数浪逃顶法

前面 4 节讨论了四种逃顶方法，这四种方法的共同点，都与抄底的原理相同，只是方向相反。本节的数浪逃顶法不一样，因为波浪下跌的形态与上升形态大不同。波浪下跌形态复杂，上升形态相对简单。

一、上升浪的基本形态

波浪理论是美国人根据美国证券市场研究、创建的理论，该理论把浪级划分为 9 个层次，最高层级为甚超级循环浪，最低层级为亚微浪。我们不是专业研究者，没必要强调精细，太精细就太过复杂，太复杂反而容易糊涂。况且，操作股票是以赢利为目的，而且人们都有急功近利的人性弱点，假若肯定地告诉你，50 年之后中国股市涨到 3 万点，你会买入股票就坚守吗？就算坚守，意义呢？伟人毛泽东诗曰：“一万年太久，只争朝夕。”

波浪理论是 70 年前美国人创立的，那时没有计算机和互联网，K 线记录只能小到小时，而现代的 K 线记录小到 1 分钟，波浪层级应该不止 9 个层级，当然这是理论上的问题。为了讲求适用性，我把波浪层级简单化，只关注 4 个层级，大浪、中浪、小浪、细浪。

我们在上一章数浪抄底法一节中，介绍波浪理论基本原理时，列举了一幅简单的波浪结构图，指出，只要是推动上升浪，必定有 3 波上升，2 波调整。波浪理论对上升浪的描述有两个关键点，一是 4 浪底不能低于 1 浪顶；二是 3 浪绝不是 5 浪中最短的一浪。把握这两条基本规律，数浪错误率就会变小。

图 3—5—1 东旭光电（000413）的波浪运动很规范，ABC 调整 3 波，推动上升 5 波。

图 3—5—1

图 3—5—2 是高新发展（000628）一段历史图，同样是推动上升 5 浪。上一案例用了 10 年，高新发展只用了两年，该股走势爽快，干脆利落。这是不同股票的个性。

图 3—5—2

图 3—5—3 显示三木集团（000632）从 2008 年 11 月到 2010 年 2 月的走势，也是一段上升，但是性质不一样，是调整中的上升，一般称之为反弹。该股虽然上升幅度达 5 倍，但是浪形没有 5 段特征。图中有条平行线段，从 A 到 B 运行了两段上升，一段下降，假如是推动上升 5 浪，下降就不会跌破这条平行线，还会有一段上升。这是观察波浪性质的方法。

图 3—5—3

二、数浪逃顶法

图 3—5—4 是时代新材（600458）的历史图，这是一个比较典型的推动 5 浪上升，4 浪低点刚好在 1 浪顶止步，用波浪理论通道界定，以 2、4 浪连线为下轨，上轨以 3 浪顶为界，5 浪瞬时抵达上轨。

上升推动 5 浪的走势，使用通道方法的好处是，能提前预知 5 浪的高度。

图 3—5—5 海南海药（000566）这个推动 5 浪，3 浪上升不够爽快，5 浪就很凌厉，浪顶还突破通道。2 浪下跌陡峭，4 浪调整平缓，这就是波浪运动的交替现象。

图 3—5—4

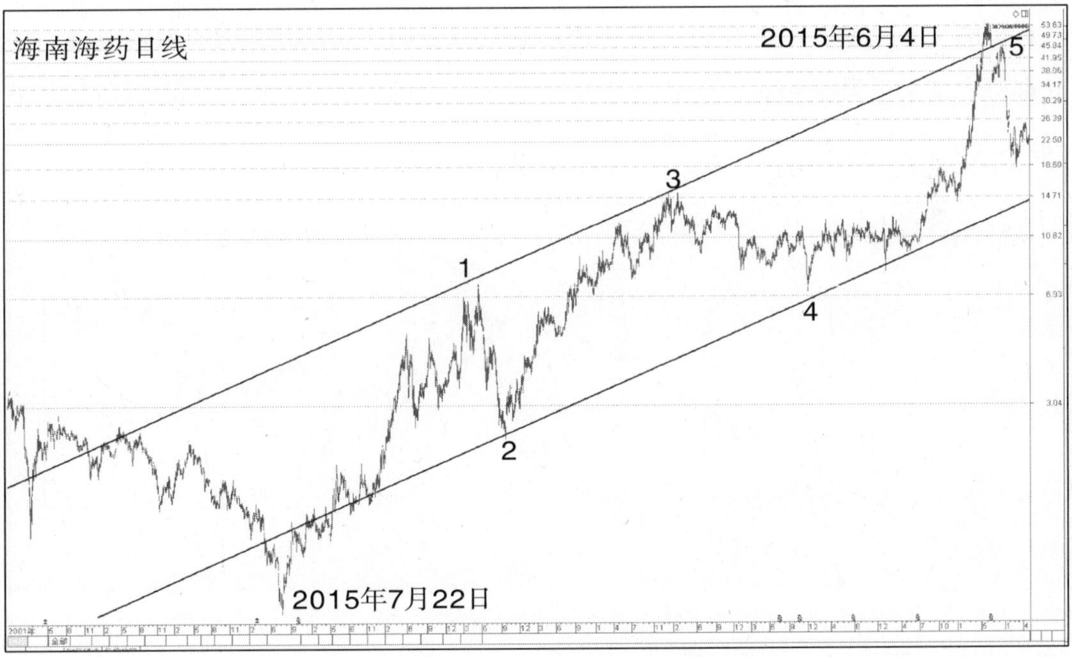

图 3—5—5

图 3—5—6 中东华软件（002065）这段上升推动 5 浪运行了 10 年，此案例与上一案例不一样，3 浪出现后，以 1、3 浪连线为上轨，下轨以 2 浪为界，4 浪落点正好在通道下轨，这种形态，只要价格不破下轨，就可以期待抵达上轨。

图 3—5—6

图 3—5—7 中航机电（002013）这个上升 5 浪，虽然 5 浪没有抵达上轨，却仍是典型的上升推动 5 浪。其中，2、4 浪形态交替，始终运动在一条有效通道内，因此都符合推动上升浪特征。5 浪上升幅度不大，是因为 1、3 浪上升陡峭，上升幅度大。

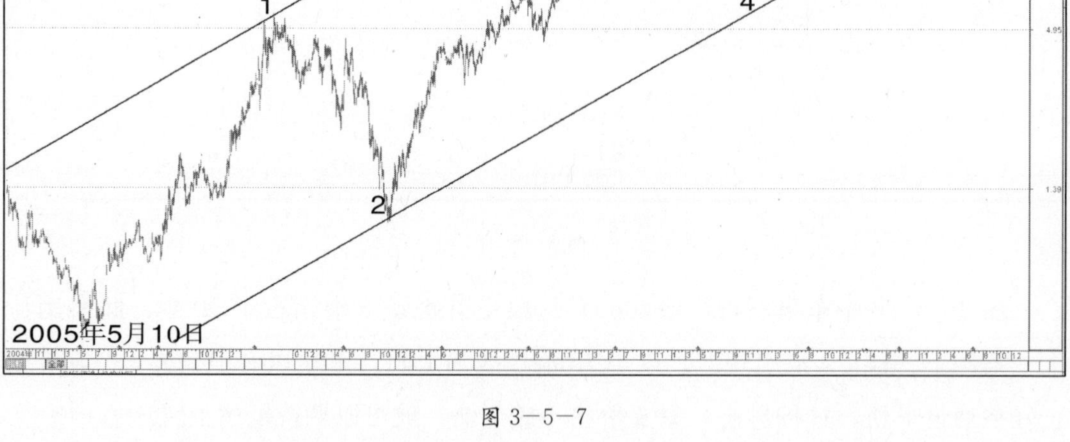

图 3—5—7

图 3—5—8 北大医药（000788）这个 5 浪上升，有一处违背数浪原则，4 浪底低于 1 浪顶，但这种情况在中国 A 股不是个案。该股始终运行在通道内，5 浪没能抵达上轨，也是因为 1 浪上升陡峭，上升幅度大。

波浪理论说到了 2、4 浪调整浪的交替现象，没有描述上升浪的交替，我在研究对称理论时发现，上升浪也有交替现象，1 浪上升幅度小，后面的 3 浪上升幅度会特别大，或 5 浪上升幅度大，包括上升速度也会交替出现。

图 3—5—8

图 3—5—9 宁波华翔（002048）就呈现上升速度交替，波浪理论描述 3 浪是最耀眼的一浪，上升猛烈，上升幅度大。但该股 1 浪上升幅度小，3 浪上升速度缓慢，所以 5 浪就变得猛烈快速，且上升幅度大，远远超越上轨。

图 3—5—10 天士力（600535）这段上升推动浪不是历史全图，这段上升自 2008 年 9 月开始，至 2015 年 6 月结束，跨时 7 年。大盘在 2008 年之后有段反弹，自 2009 年 8 月之后到 2013 年都处于下降期，天士力在这期间有过微调，但始终处于上升期。当 2015 年 5 月 26 日到最高点时，距通道上轨还有一段距离，形态上与 1 浪对称，1 浪也距上轨有段距离。

天士力这段推动上升浪，5 浪特征鲜明，2 浪 4 浪形态交替，3 浪强劲，所以 5

浪前期走势迟缓，而冲高回落时就是顶。

图 3-5-9

图 3-5-10

图 3—5—11 康得新（002450）上市时间不长，上市之后就稳健地走出一段上升推动浪。图中画了一条波浪通道，下轨以 2、4 浪连线，上轨以 3 浪为界，可以清楚看出，初期的一段在通道外。5 浪的高点正好抵达上轨，这种顶容易判断。

这只股虽然上升推动 5 浪很典型，但有一个细节令人思考，1 浪和 3 浪都可看出有 5 小段，5 浪似乎只有明显的 3 段，也就是只有两个上升段，如果从图形观察，以及魏氏指标观察，第 5 段不会出现了。这个案例启示，对波浪理论也不能机械地理解。

图 3—5—11

图 3—5—12 中恒集团（600252）的升幅和速度交替有些夸张，1 浪升幅太小，3、5 浪上升幅度特别高，5 浪还瞬时超越上轨。

关于波浪运动，中恒集团这个案例令人思考，该股 5 浪推动的上升运动，完全符合波浪理论数浪原则，通道也很精确。我们在第一章出示了一幅波浪运动原理图，并指出，3 个相同浪级构成更大一个浪级。在这幅图中，1、3、5 都是相同浪级，其中 3 浪可以明显看出是 5 段构成，放大 1 浪图形，也有 5 段构成，而 5 浪就很糊涂了，以目前图形看只有 3 段，放大图形也看不出 5 段眉目。这一案例说明，浪级愈小，数浪愈难，数调整浪更难，也许因为这个原因，波浪理论不被广泛认可。

图 3—5—12

图 3—5—13 伊利股份（600887）这段走势同样是上升推动 5 浪，该股的走势与上面案例有些不同，3、5 浪都是以冲高形式形成顶，随后快速下跌，稍为犹豫利润就会缩水很多。这就显示了不同的股性。

图 3—5—13

图 3—5—14 是华帝股份（002035）的一段历史图，形态呈 5 浪上升，也符合数浪原则，但是无法用通道界定。这就是千变万化的波浪运动。

前面说了，不管是什么浪级，针对一段，只要有 3 段明显高点，就可以视为顶，其后必跌。

图 3—5—14

图 3—5—15 是南化股份（600301）在不足 3 年间走出的一段较为复杂的走势，第一段形态 5 浪，第 5 浪仅与第 3 浪平，这在波浪理论中描述为失败浪。然后 a、b、c 下跌 3 波。第二段 5 浪形态清晰，如我前面所说，1 浪升幅小，3、5 浪就会有突出表现。按图中形态预测，只要走势不低于第一段顶，调整之后，就还会有一段相同级别的上升。

图 3—5—16 易世达（300125）这段 5 浪上升也是无法用通道界定。从图形上看，3 浪用时少，升幅也不大，似乎不及 1 浪，但具体测算却并非如此，1 浪升幅不足 1 倍，3 浪达到 1 倍，不过，显然这个 3 浪上升表现不佳，虽然速度相对 1 浪较快，但上升幅度太低，勉强符合 3 浪不是最短一浪原则。接下来，上升浪交替形态出现，1、3 浪表现一般，5 浪就很突出。

图 3—5—15

图 3—5—16

图 3—5—17 是中国船舶（600150）的一段走势，自 2013 年 7 月至 2015 年 6 月，两年时间走出一个推动上升 5 浪。走势稳健单纯，浪形清晰。其中，1、5 浪对

称，3 浪突出，2、4 浪形态交替。

中国船舶这段走势，如果放在历史全貌中观察还无法知道它所处位置，但仅看这一段数浪就简单。

图 3—5—17

图 3—5—18 万通地产（600246）这段也是 5 浪运动，1、4 浪之间画有一条平行线，从图中可以看出，3 浪表现充分，4 浪瞬时低于 1 浪顶，5 浪只是略高于 3 浪。

图 3—5—18

图 3—5—19 中国铝业（601600）自 2007 年下跌以后的跌幅很深，跌去 90%以上，2014 年启动上升，一年时间走出一段上升推动 5 浪，走势很爽快。

图 3—5—19

这里要说一下时间与浪级的关系，同样是上升推动 5 浪，它们运行的时间周期与浪级有关，周期越长，浪级越大，周期越短，浪级越小。

图 3—5—20 太阳鸟（300123）用两年时间运行出一个上升推动 5 浪。

图 3—5—20

这只股票在2015年5月运行5浪的最后阶段，突然跳起拔高，是天意还是主力的诱多？如果是主力诱多，从图形看似乎得不偿失，股价的走势十分奇妙，有时令人无法解释。

图3—5—21香江控股（600162）这段走势只用了1年时间。这个上升浪的交替很鲜明，1浪用时长，升幅高，5浪用时就短了很多，升幅也不大。

图3—5—21

图3—5—22新海股份（002120）这段走势很难用上升推动浪的数浪原则判断，用通道也无法界定。

如果把B段判为3浪，其间的升幅和走势都不具备3浪特征，如果把B段之后的低点判为4浪，股价不仅低于A处，还滞留数日，但图中又实实在在有3段上升。

对于这种形态，只要有3段明显高点，一旦回头就应出局。

我前面说，中国A股历史较短，很多股难以判断浪形位置。据波浪理论，在一个大级别的调整浪中，向上的调整也很可观，但性质仍然属调整。因此，就会出现浪形不规范情况。

图 3—5—22

图 3—5—23 秀强股份（300160）这段走势也难于用上升推动浪判断，最简单的方法还是逢三段高位出局。这种情形牵涉市场运行存在不同对称，这里不讨论。

图 3—5—23

秀强股份前三段标示了 a、b、c，这三段形态对称。后面又标示了 A、B、C 三段，前三段 a、b、c 与后面比较应为一段。

2016 年 1 月时，大盘还在低位运行，该股却在高位，看似强势，但已有 A、B、C 三段，所以，一旦滞涨就应出局。

图 3—5—24 佐力药业（300181）是一段波动很大的走势，如果数浪，也符合波浪理论原则。但是用三波法更简单，图中，A、B、C 三段高点鲜明，滞涨就出局。

波浪理论很多人不熟悉，像这种波动大的股票、通道不易界定的股票，用浪形判断缺乏信心。

图 3—5—24

图 3—5—25 是天通股份（600330）一段运行周期为 10 年的走势图，目前按照波浪理论的数浪原则还无法数浪，但该股却呈非常鲜明的三段式，到 C 时，微超前高，然后下跌，对这种形态，在第一下跌时间就应当找机会出局。

图 3－5－25

我们在讨论数浪逃顶法时，可以从若干案例看出，用波浪判断的优势在于，当3浪出现以后，就大概知道4浪调整结束的位置。4浪之后的上升，高度如果超不过3浪，便知道它不是推动上升浪，而是调整中的反弹浪。如果是上升推动浪，就能预先知道该浪的顶大概在哪里。但是对浪形的识别和位置的判断不是那么容易，否则，股市便成了一座金山，随心所欲想搬就搬。当然，也不是不可能，慢慢修炼吧！

第4章 五法结合判顶底

孙子曰："昔之善战者，先为不可胜，以待敌之可胜。不可胜在己，可胜在敌。"说的是善于打仗的人，总是先创造条件使自己立于不败之地，然后捕捉战机战胜敌人。股市博弈如打仗，只有了解"敌情"，才能捕捉战机。"敌情"是什么？就是市场的运动规律。

前面讨论的五种方法判断波段顶底，就是发现市场运动规律的方法，无论是大波段还是小波段，基本上概莫能外。我翻看了道琼斯工业指数图，西方百多年的股市历史和中国二十多年股市运行，都遵循这种规律。

本书第二、三部分讨论判断波段顶底，分别讨论不同的方法，目的是对每一种技法加深印象，熟练掌握。在实际交易中，我们完全可以五法并用，相互印证，使可靠性更高。

第1节 五法结合抄底

前面讨论了判断市场的五种方法，这些方法没有优劣之分，市场的涨跌模式各有不同，当走势不明朗，对判断缺乏信心时，多用一种或多种方法相互验证，就会增加可信度。

图4－1－1是全新好（000007）上市后的第一段下降图，自1993年2月的高点，至1996年1月的低点，历时近3年。

图4－4－1

1996年1月的价位处于低点时，与之对应的魏氏指标线B的位置却比A处高，价低线高底背离。这是根据魏氏指标进行的观察判断。

从浪形判断，1993年2月的高点，至1996年1月的低点，有明显的5段，根据波浪理论原理，下跌5浪后必有上升。

用通道的界定也是根据波浪通道的方法，以2、4浪的高点连线为上轨，下轨以3浪为界。我们在讨论通道法时说过，多数情况的5浪不会触下轨。

三种方法结合观察，就可以判断1996年1月是这段调整的底部，而且这个底部的级别较大。

图4—1—2是全新好（000007）历史走势中的第二段下降图，这是一段比较鲜明的下跌推动5浪。下跌1浪有较大的波动，3浪和5浪像走碎步一样，这种形态少了一些诱惑，使波段明确便于判断底部。

图4—1—2

走势到3浪时，价格与指标线背离，背离幅度小。出现反弹，其后再度下跌，价格与指标线二次背离，背离幅度很大。此时的指标柱群紧贴0轴，价格与指标柱也明显背离。我在指标线下画了一条线，从A到C，指标线在上升，价格在下降，形成多重背离，这就是底部特征。

2006 年 4 月 25 日股价再度下跌，形成双底。下跌 5 浪底很少触及通道下轨，底部特征也很明显。

这个底部是数浪法＋通道法＋魏氏指标的三重判断。

全新好（000007）整个运行历史，有两次相同级别的调整，走势模式也差不多。

我在前面章节反复强调，运用通道法时，要将坐标切换比照。图 4—1—3 与图 4—1—2 是同一时段图，只是使用坐标不同（图中有标示）。同一幅图变成了不同形态，图 4—1—2 是对数坐标，通道是平行通道，图 4—1—3 是普通坐标，通道成了三角形通道，但同样反映底部特征。

图 4—1—3

图 4—1—4 是桂林旅游（000978）上市以来的第一段下降图，它的下降飞流直下，一步到位，此后长期横盘运行。从 2004 年 1 月的止跌点，到 2006 年 3 月的起涨点，历时两年。

在 2004 年 1 月止跌时，指标线创下最深位置，此后一路上升到 0 轴，指标柱群长时间处于 0 轴上，但是股价始终是平行微弱波动，两年时间无起色。

这种形态很磨人，明知是底，就是不知啥时会发动攻势。这个案例，其他方法都用不上，唯一的办法是跟随指标线，等待它上穿 0 轴。

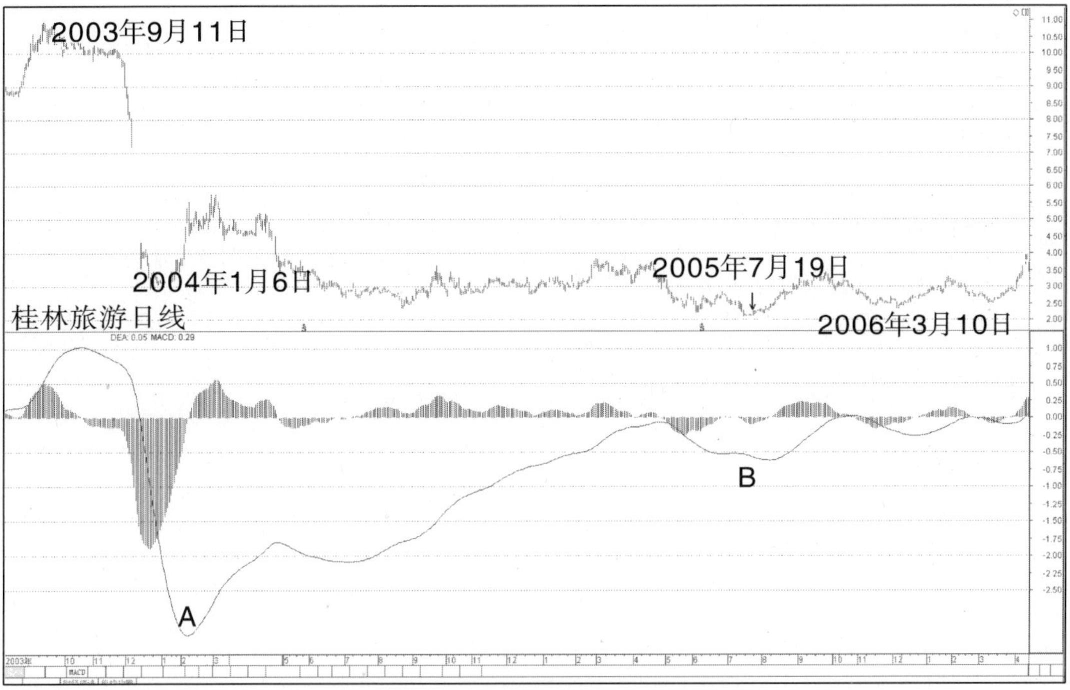

图 4—1—4

图 4—1—5 是桂林旅游（000978）的第二段下降图，这个底的判断依据是直尺法和均线法。图中 K 线上下画有两条直线，既不像平行通道，也不像三角形通道。2008 年 11 月，走势突破上轨，此时 20 日线已走平，并缓慢向上，预示趋势发生方向性变化。此时指标线位置最深，虽没有出现背离形态，但随后指标线上升角度较大，指标柱上穿 0 轴形成较大柱群，这些现象也表明趋势转向。

我在讨论魏氏指标时说，并不是每只股、每个顶底都会出现背离形态。

图 4—1—6 是桂林旅游（000978）的第三段下降图，这个底部有三重信号，判断的方法可以用魏氏指标＋直尺法＋均线法。

指标线在（A）处创下最深位置，B 处的股价比 A 处低很多，对应的指标线和指标柱群却比（A）处高，价与柱、线呈底背离。

在 K 线图上，将高点和次高点连线，画出压力线。B 处以后，走势突破压力线，还出现两个低点大致与 B 处平行，构成三重底。随后 20 日均线渐渐上行，趋势转向。

图 4—1—5

图 4—1—6

图 4—1—7 是山东地矿（000409）上市后的第一段下降图，这只股票在第一章第 2 节中作案例时说，浪形不清晰，涨跌又很凌厉，是很难把握的一只股票。走势

看似无章可循，其实具体到某一段，还是遵循了一种运行模式。

山东地矿这段下跌，周期达7年之久，理论计算跌去95%，可谓凌厉之极。前半段看不出眉目，后半段还是显现了运行模式，图中画出K线上下两条连线，就形成三角形通道，股价于2005年7月突破通道，便预示趋势转向。

指标线在E处创下最深位置，F处对应的股价最低，指标线却比E处高，指标柱群也长时间穿梭于0轴，股价与柱、线双背离，预示底部。

图4—1—7

图4—1—8是山东地矿（000409）的第二段下降图，从高点下跌到A处，半年时间，股价跌去90%，此后急转而上，这个底是因为均线和指标线向上角度较陡峭。这种形态要特别关注指标柱能否突破0轴，如不能突破0轴，要及时退出。

B处这个低点，指标线和指标柱不具有参照性，股价比A处高，线也比A处高。但当走势转向时，指标线和20日均线也是同时转向，且上升角度较陡。

图4—1—9是山东地矿（000409）的第三段下降图，在这段下降低点，指标线的位置最深，也没有参照。指标柱群有参照，（A）处大而深的柱群位于0轴之下，（B）处的指标柱已站上0轴，股价与柱背离。

B处20日均线企稳向上，按照均线法，箭头1处进入，箭头2处双线向下，出局。

箭头 3 处又是买点，此后便可一路持有。这就是多一种方法判断，进出轻松自如。

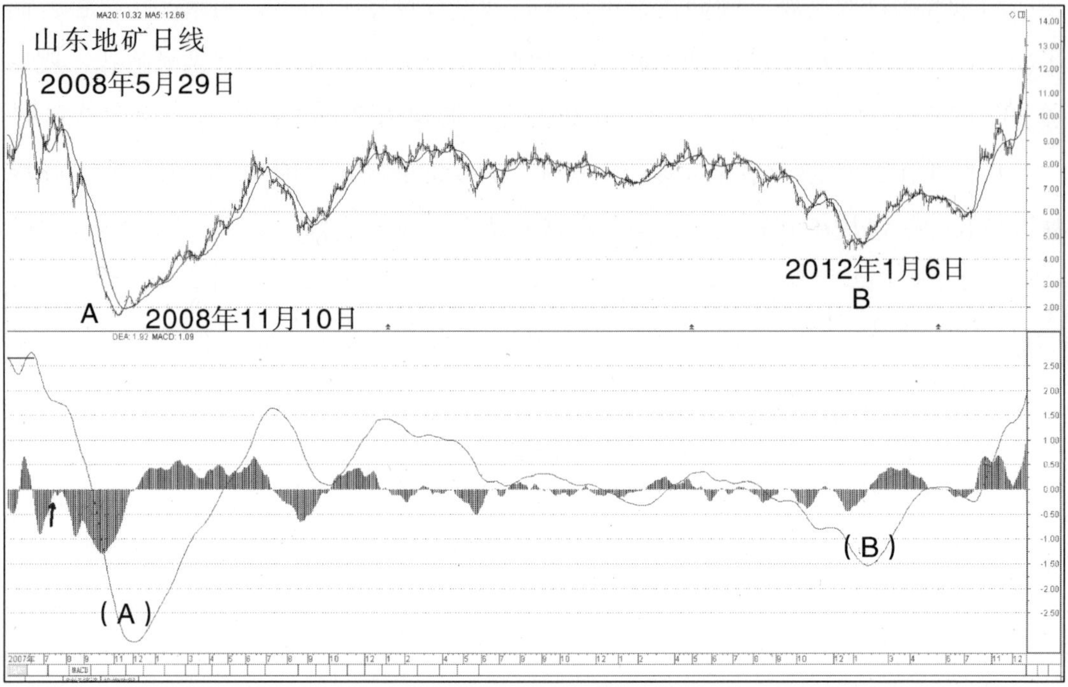

图 4－1－8

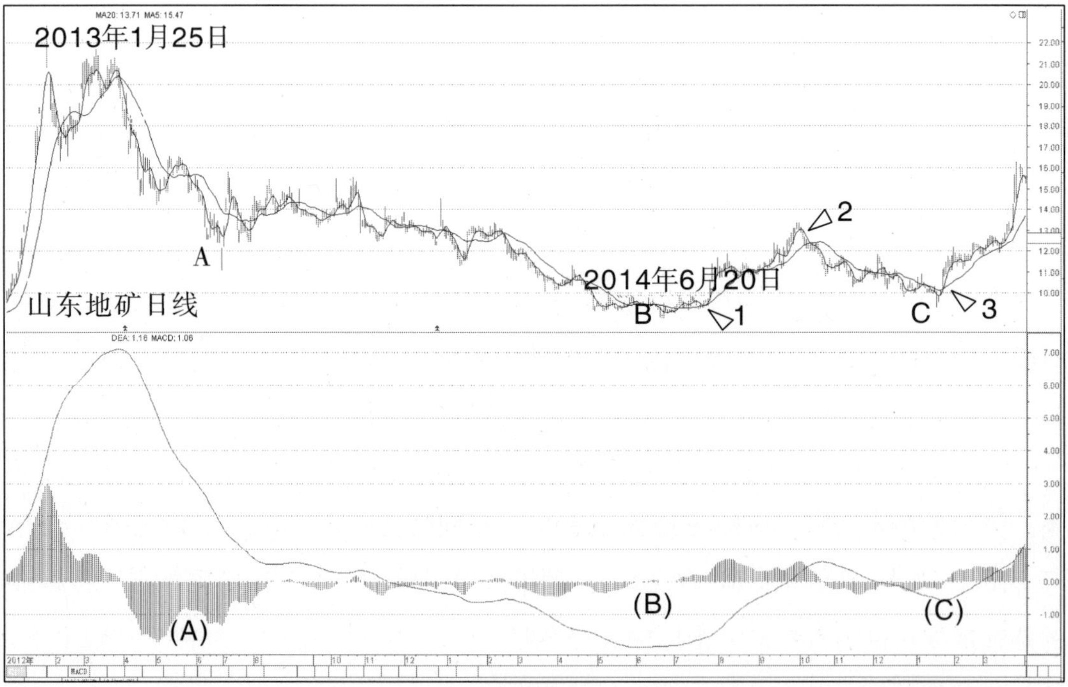

图 4－1－9

山东地矿的三次调整，运行模式各不相同，尽管走势变化多端，仍能用一种或多种方法抄底。

图4—1—10启迪桑德（000826）与前面案例不同，直尺方法可发挥主要作用。上市之后到2005年5月这段下跌，始终在一条直线下运行，突破压力线就是底。之后的上行也是在一条支撑线上波动。从低点到A连接一条射线，此后的B与C处，股价触线即回头向上。这是一段上升趋势的波动底，凭借这条线就能准确判断。该股上升趋势已运行10年，不破这条线，趋势就没变。

这只股的指标线也表达明确，从低到高，逐浪向上，这也是一种步定向上的形态。

图4—1—10

图4—1—11赣能股份（000899）也是凭借一把直尺判底的案例。股价在B处企稳以后，由A、B两处画出一条射线，走势到C处，不破线就是底。

从指标线观察，股价在B处创出指标线的最深位置E，其后，C处的股价和指标线线都比B处高，没有背离形态，柱群也在0轴上，指标线回落后转身向上穿越0轴，预示调整结束，趋势向上。

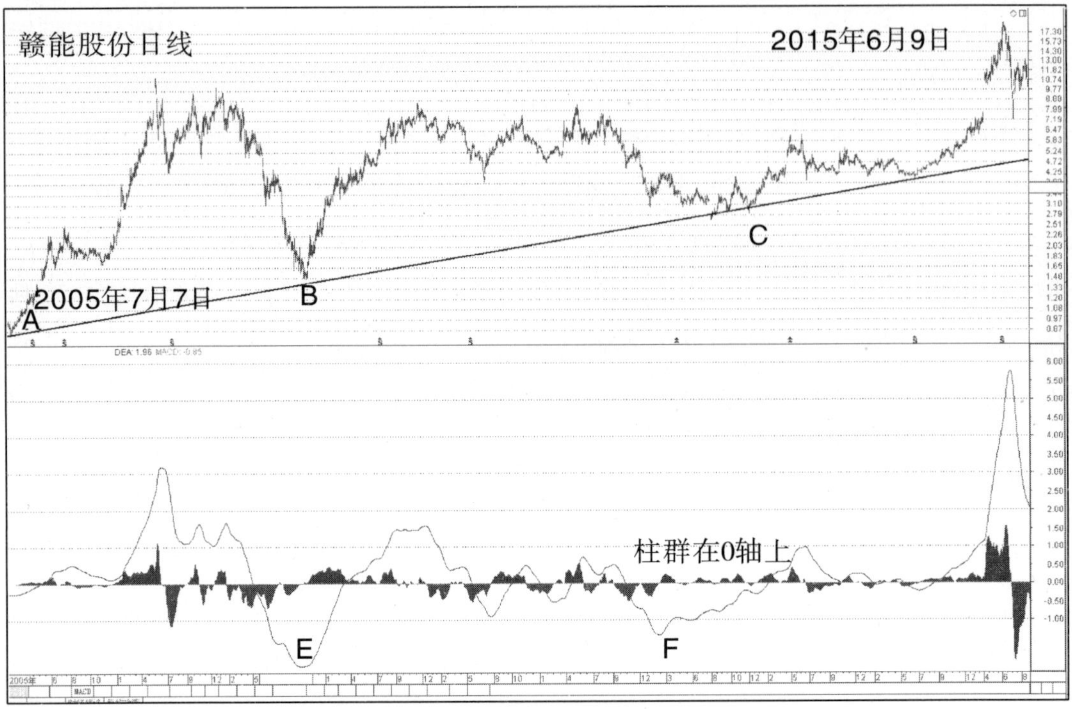

图 4—1—11

这段上升的前期浪形不清晰，很难用数浪方法判断。图中画有一条平行线在1浪顶，此后的股价回落时在标示4处企稳，未碰1浪顶，再用波浪方法连线的平行通道观察，可确认上升推动5浪，图中，5浪顶还穿越了通道上轨。

魏氏指标线表现这段上升推动5浪的形态也很典型，A、B、C三波，一波比一波高，逐级向上。如果利用魏氏指标的价线背离原理，还有可能在1、3浪顶出局，在2、4浪底一带进入，获得更多的利润。

这段上升浪顶，运用了数浪法＋通道法＋魏氏指标三重判断。

图4－2－3是全新好（000007）上市历史中的一段反弹图，从1998年8月到2000年11月，走势呈上升形态，但本质是调整中的反弹。上升的角度小，走势形态迟疑，都表现出反弹特征，从整个运行历史观察，也是反弹性质，不过，在走势进行中或许并不知道是反弹。

这段上升，有4次顶底，每一次依据均线法操作，同时用指标线配合观察，顶底都容易判断。图中每一个上升段都标示了涨幅，虽然是一段反弹，但操作简单，赢利丰厚。

图4—2—3

图 4—2—4 是全新好（000007）的一段下降图，前面说过，主要下降趋势中，还有次要向上趋势，更重要的是，我们并不知道股价趋势会在何时转向主升，所以均线法操作不放过每一次机会。

图中箭头 1 处，5 日均线转向，指标柱两次底背离，可贴线买进，在箭头 2 处贴线卖出。箭头 3 处，5 日均线向上，20 日均线走平，指标线也走平，指标柱已紧贴 0 轴，与箭头 1 处比较，价平柱高，属背离迹象，买进后在箭头 4 出局。

这一段下降，将均线结合魏氏指标操作，也有利可图。

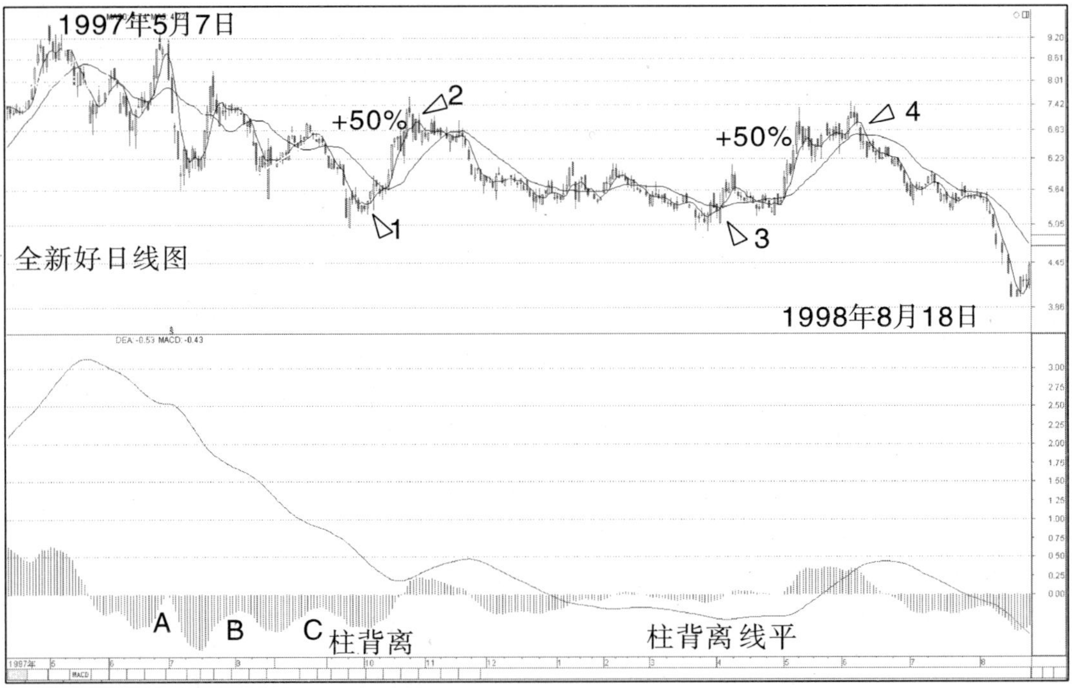

图 4—2—4

图 4—2—5 桂林旅游（000978）这幅图，不是说的判断顶，而是说的出逃。从 A 到 B，横盘运行两年。股市中有种说法，横有多长，竖有多高。通常，竖指的是上涨，桂林旅游此图是反其道而行之，不是上涨，而是下跌。注意：B 处均线双双向下，指标线也弯头向下，看到这种形态，逃脱越早越好。

这段图的历史已过去 10 多年，但历史总会重演，2015 年 7 月的大跌，很多股都是这种情形。

图 4—2—6 是桂林旅游（000978）上市以后的第一段上升图，这段上升运用通道法＋数浪法＋魏氏指标，三种方法判断出 2007 年 9 月这个顶，逃顶就不会犹豫。

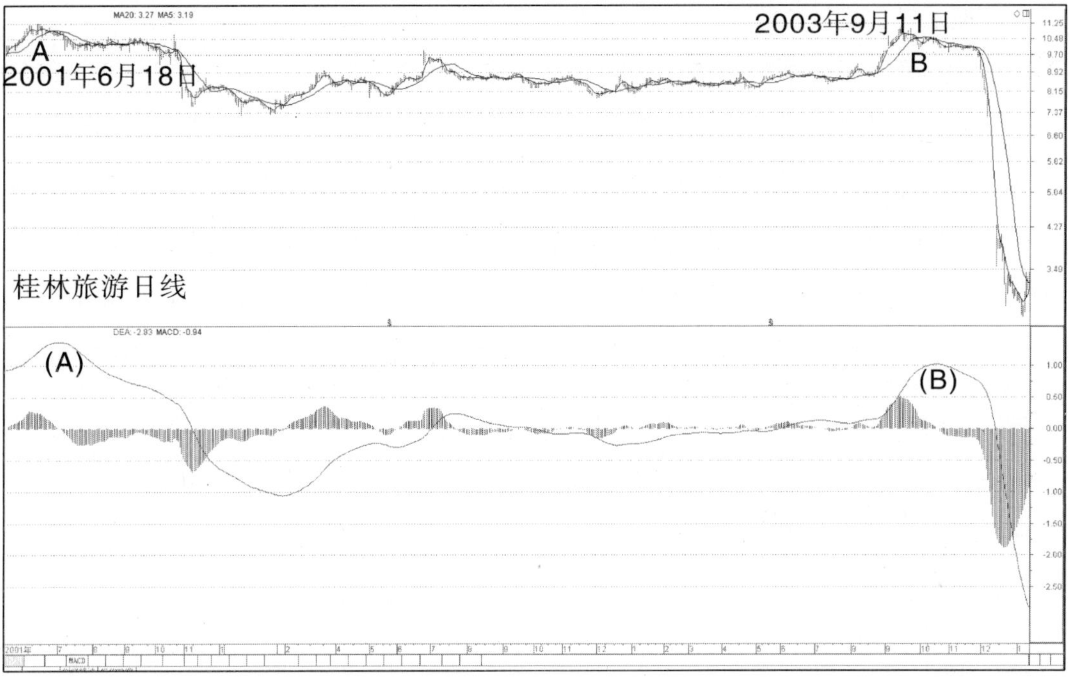

图 4—2—5

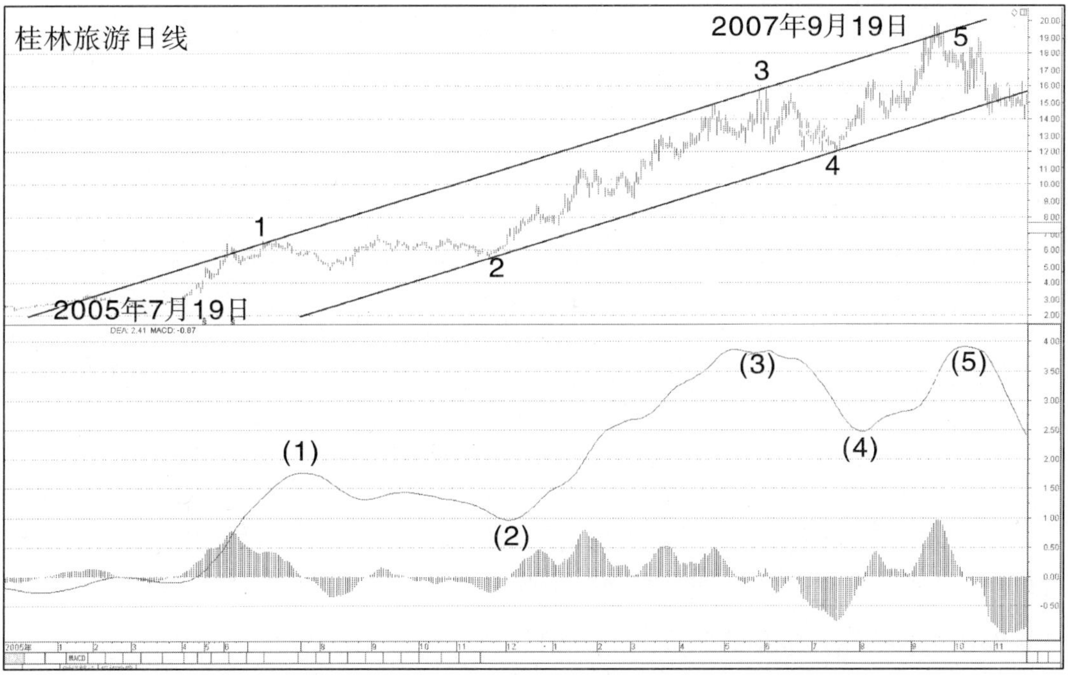

图 4—2—6

图 4—2—7 是桂林旅游（000978）上市历史中的一段反弹图，反弹幅度达4 倍。为什么涨幅这么大，也是反弹性质呢？因为走势形态迟疑，浪形不清晰，从整个运

行历史观察，也是反弹性质。

此图的画线看似平行通道，实际不是，因为K线上边那条线前面三分之二部分的连线没有任何依据，实质是对B处一带的三个高点判断压力。K线下边那条线是支撑线，前面走势的三分之二部分有三次触线不破。能够跟随前进，依靠的是支撑线，能够判断顶，依靠的是压力线，因为三次触上线不能突破，指标线也背离，所以逃顶为妙。

图 4—2—7

图 4—2—8 是桂林旅游（000978）上市历史中的第二段上升图。桂林旅游第一段上升图呈清晰的上升推动 5 浪形态，这段上升没有鲜明的 5 浪形态，包括指标线也没有，主要依据均线判顶。

2015 年 6 月 12 日高点之后，价位下降幅度很快，指标柱也呈梯次下降，5 日线断裂式弯头向下，三个重要信号预示下跌。

对于这种形态，逃顶要坚决。

图 4—2—8

前面章节讨论案例时说到山东地矿（000409）这只股票的涨跌都很凌厉快速，操作很难把握。图 4—2—9 是该股的第一段上升，起涨点是从 2005 年 7 月开始，这一段主要依靠均线判断。我们讨论逃顶，周期太长看不清细节，所以这张截图以顶部为主。

图 4—2—9

这段上升用了不太长时间，上升 11 倍，确实凌厉快速。走势接近顶部时，波动很大，很难判断何时会真正下跌。依据均线操作法，箭头 1 处，5 日线断裂式弯头，出局，此后连续跌停。箭头 2 处，5 日线又是断裂式弯头，出局。箭头 3 处，之前的上升是连续涨停，5 日线弯头后又是连续跌停，这种形态贴线卖已不行，最好的办法是次日开盘第一时间将卖价直接打在跌停上，这是多数人不情愿的事，然而却是明智的。此小段下跌企稳后，又有一小段上涨，到箭头 4 处又该出局，此时 20 日线的高度已比最高处矮。箭头 2 到 4 这段形态，是道氏理论所描述的典型的头肩顶。箭头 4 之后长时间不会有操作机会。（由于截图周期较长，图中有几处 K 线看似断缺，实际上是因为一字板没能反映在图中。——责任编辑注）

我在图中指标柱的位置作了标示，凡是指标柱未突破 0 轴，其后都会创新低。

图 4—2—10 是山东地矿（000409）的第二段上升图，这个顶容易判断，A 处没逃顶，B 处再也不能犹豫，因为 20 日均线和指标线升势滞缓，指标柱也背离，随后 5 日线也下穿 20 日线。

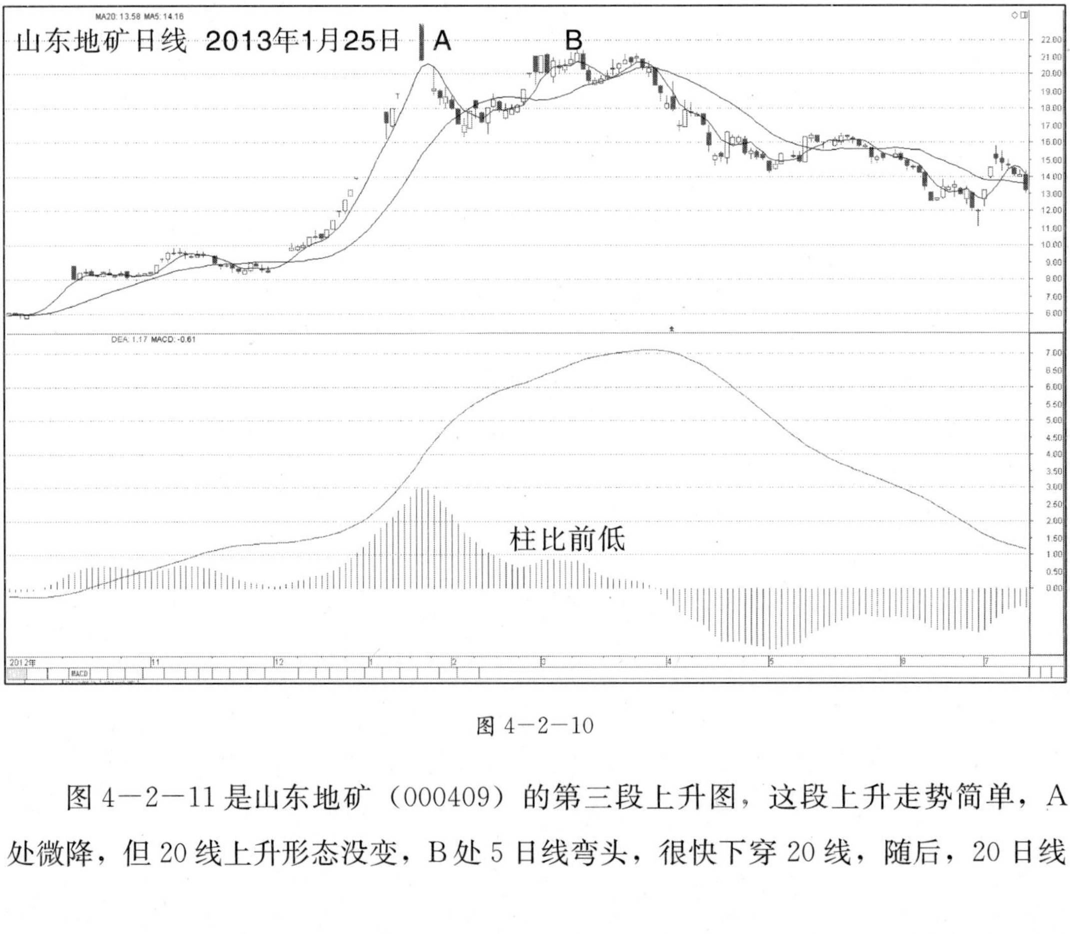

图 4—2—10

图 4—2—11 是山东地矿（000409）的第三段上升图，这段上升走势简单，A 处微降，但 20 线上升形态没变，B 处 5 日线弯头，很快下穿 20 线，随后，20 日线